AF287435

Robert Zobel

5 10 20
Aufzählprosa

Bibliografische Information durch
Die Deutsche Bibliothek:
Die Deutsche Bibliothek verzeichnet diese Publikation in der Deutschen
Nationalbibliografie; detaillierte bibliografische Daten sind im Internet
über http://dnb.ddb.de abrufbar.

ISBN   9783837077568

Copyright (2008)
Herstellung und Verlag: Books on Demand GmbH, Norderstedt
Alle Rechte beim Autor.
www.robert-zobel.de

12 Euro

5 Widmungen

Widmung für meinen kleinen Sohn Finn

Widmung für meine Frau, die meine Fantasie bisher noch gut erträgt.

Widmung für Jeden!

Widmung auch mal mir, weil mir noch gar kein Mensch eine Widmung geschrieben hat.

Widmung für
....

Inhalt

20 ausreden für fremdgeher

meine kopffee sagt immer so sachen
die ich nicht bewusst höre
aber befolge
deshalb bin ich fremd gegangen

ich stand so in der schlange
beim edeka und musste nachrücken
bin dabei irgendwie mit meinem
geschlechtsteil in diese frau
gekommen
dann schnell nach hause
um das zu lösen
und dann kamst ja du auch
schon

ach du weißt doch wie ich
bin
ich bin halt zu hilfsbereit
sie hat geklingelt und
wollte sich einen orgasmus
borgen und ich hatte zufällig gerade lust
sie hat gesagt ich bekomm
den orgasmus dann morgen
zurück
und dann kennen wir die nich
mehr

ich dachte sie sei norwegerin
und du an einer seuche gestorben
die nur nichtnorweger dahinrafft
und dann wollte ich mich durch
sie halt impfen

ach da bin ich ja noch
mal glimpflich davongekommen
sie hat mich nur vergewaltigt und nicht
ermordet
puhh

huch gott da muss ich mich aus versehen verfickt
haben

die frau kleche hat doch kinder
weißt du und die wollten unbedingt
wissen wie jetzt der klapperstorch
die kinder bringt
ich hab mich dann als storch verkleidet
und ein mit blumenkohl
gefülltes geschirrhandtuch in ein altes
babybett gelegt
alle waren begeistert und als ich dann
mit der kleche alleine war hat sie mir
noch mal gezeigt wie begeistert sie
ist
ich denke mal die steht auf störche
weil ich ja das kostüm noch an
hatte
die wäre sonst ausgeblutet
ich hab nur isoliert

ach schatzi ich wollte dich doch
nur eifersüchtig machen
und das ich es dir nicht gesagt
habe und du es nun selbst herausgefunden hast
war wirklich alles geplant
ich wollte dir nur mal zeigen
was du an mir hast
und bist du jetzt stolz?

das war reine beschaffungsbetrügelität
sie ist doch die bowlingkassiererin
und ich komm dadurch umsonst
rein und wir können das geld
für ein schönes kleid für dich
sparen

schatz ich muss es dir jetzt sagen
anders geht es nicht mehr

ich bin geheimagent und hatte
die aufgabe
sie überall
ja überall auf wanzen hin zu
überprüfen
und der penis ist ja sehr druckempfinlich
und eine richtige spürnase
warum nicht einsetzen?
außerdem wurde ich ja darauf geschult

sie hat einen netten brief geschrieben
ob ich ihre gebärmutter besponsern
könnte und für die gesellschaft hab
ich ihr dann ein wenig samen gegeben
is ja für einen guten zweck

ich bring der karaleja doch gerade
deutsch bei und sie wollte partout
geschlechtsverkehr nicht verstehen

na du nu wieder
das war doch kein sex
wir haben nur das kräfteverhältnis
zwischen unseren genitalmuskeln
ausprobiert
und du meine güte
die hat unterleibskraft
oh mann

na jetzt wirst du aber taktlos
das mädchen hat doch nur liebe gesucht
und ich konnte ihr so was in der richtung geben
kannst sie ja selbst fragen
sie liegt noch im bett und probiert
deine vibratoren aus
finde ich total blöd
dass ich vorhin bei der suche nach
den teilen
gesehen habe
dass du meine batterien benutzt hast

da is ja mal noch ne entschuldigung fällig

war halt eine blöde wette
der heinz kapuscke meinte
dass ich es nicht schaffen würde
dich mit seiner frau zu betrügen
ohne dass du es merkst
jetzt hab ich verloren
und du musst mit ihm einmal
schlafen

häh ich hab doch die ganze
zeit geschlafen
wie dich betrogen?
ich hab erst meditiert und dann
muss ich weggedöst sein
oh gott nicht das ein böser
geist von mir besitz ergriffen hat

in der neuen brigitte stand
dass 60 % der ehefrauen
durchaus tolerieren würden
wenn der mann eine geliebte hat
weil sie dann keine kopfschmerzen
mehr hätten müsste

du musst irgendwas falsches gegessen
haben oder vielleicht gab es in der
city einen giftgasanschlag oder so
liebling du hast mich gerade nicht
mit einer frau erwischt hier ist niemand
wollen wir zum arzt gehen?
gut
nee das ist nicht deine jacke
da liegt gar keine

ich hab nur ne falsche position inne
gehabt und das mädchen auch
was wäre denn gewesen wenn sie
gar nicht da gewesen wäre

und ich im raum einfach mit runtergelassener
hose gestanden hätte
das wäre ok gewesen
und das sie jetzt zufällig neben mir
oder an mir stand
ist doch nun echt kein ding

10 mal erwischt

ok ich kapituliere
ich habe dem kaplan blumen in
den arsch gesteckt
und ja
es waren keine blumen
sondern ein kaktus

das lametta schmeckt
nach fleisch
ui ich dachte das
merkt keiner
aber es ist auch eher fisch
wir haben kein richtiges mehr
im haus gehabt
und fischschuppen erfüllen
ja auch den zweck

es stimmt
der fridolin ist vom
züchter
wir haben auch einen ausweis
mit stammbaum
wie habt ihr das denn gemerkt?
wegen dem kopierten schwanz?
so fridolin und jetzt
geh dein zimmer aufräumen

ja die postkarten von den malediven
haben wir aus bobitz
abgeschickt
aber auch nur um das porto
zu sparen
und wir waren wirklich da
guck ich hab sogar was mitgebracht
maledivischen schweinemagen
mit gelee und schön fett

augenblick

gleich müsste der aufzug kommen
so da ist er
wie bitte?
ich hab geklingelt?
was ich will?
na nach oben fahren
das ist ne wohnung?
na dann muss ich wohl zugeben
das ich hier doch nicht wohne
ich wollte dich nur mit aufs dach
nehmen
dir die stadt von oben zeigen
und dich dann romantisch vergewaltigen
na ja
schade drum
he!?

meine augenringe
sind entstanden durch
ein eingewachsenes brillengestell
ja

richtig
mein name ist gar nicht
vera am mittag
und ich halte gerade auch
nicht deine hand
und das ist auch keine
krebsvorsorgeuntersuchung

nein kindchen
du kommst nicht in den himmel
niemand kommt in den himmel
man fällt einfach um und
verfault
deshalb liegt das meerschweinchen
immer noch
in deinem käfig und ist nicht in die
wolken geflogen

äh ja ich hab die zerschlissene
couchgarnitur in den keller
gestellt
und "objekt der begierde"
drauf gesprüht
hätte ja sein können
das sie so schneller gestohlen wird
und die hausverwaltung nicht bei
mir auftaucht
jetzt sind sie aber da
und ich werde
gleich wahrscheinlich gut abkotzen

ja ich hab braune farbe in die
badewanne gefüllt
dann kam aber im fernsehen
ein bericht
dass es mehr in ist
hellhäutig zu sein und da hab ich
alles wieder abgelassen
hättest du mir ein solarium geschenkt
wäre das mit der verfärbung ja nicht passiert
aber ich will dir keinen strick draus drehen
brauch ich ja nicht mehr

20 + 1 ausreden einer fremdgeherin

ich hab walkman gehört
ich hab gar nichts gemerkt

der stand einfach vor der tür
und sagte er sei
ein gonorrhövertreter
hab ich mir gar nichts bei gedacht
und gesagt: "nehm ich, weil
es sich interessant anhört"
dann ist er über mich hergefallen

du hast immer gesagt
mit tom cruise dürfte ich dich
betrügen
nun ja er hatte das gleiche lächeln
wie tom und als ich die augen
zugemacht habe
hab ich sowieso nur an dich gedacht

ich hab dich nicht betrogen
wo denkst du hin
außerdem war dein freund
karl heinz
doch die ganze zeit bei mir
der hat mich gar nicht
aus den händen gelassen

ich musste das machen
er hat sich als mein großvater ausgegeben
und hätte mich sonst enterbt

da du nicht da warst hatte ich
zufällig einen sexuellen engpass
ich hab versucht auf der spur zu
bleiben
aber bei diesem gemüsehändler
bin ich dann entgleist
der hat doch immer so schöne

auberginen

schatz das wirst du mir niemals
glauben
aber in unserer wohnung
hat ein hurrikan getobt
und ich muss dir leider beichten
das ich mich an dem falschen ding
festgehalten habe
tut mir leid

schau mal ich war doch in
dieser disco so allein und damit ich
dich nicht mit irgendeinem x-beliebigen
betrüge hab ich mir den türsteher mit
nach hause genommen
der hat mir alle vom hals gehalten

wir haben doch einen fliesenleger
im haus gehabt
und leider ist ihm eine fliese
unglücklich in den lendenbereich
geflogen
alles voller blut
ich ihm die hose aus
schlüpfer runter
und dann kamst du
und das blut war trickblut
das sich nach einiger zeit verunsichtbart
dein gesicht werd ich nie vergessen

ich hab mal keine kopfschmerzen
gehabt und du warst nicht da
pech gehabt
jetzt hab ich wieder welche

ein benutztes kondom im klo?
äh das muss vom nachbarn
rübergeschwommen sein
das schwein

also das der exorzist mir an die
wäsche gehen muss
wusste ich so nicht

eigentlich wollte ich nur
pilze sammeln und dann bin ich
irgendwie auf die weide geraten
da waren schafe und wegen meiner
weissen jacke
muss der schäfer wohl gedacht haben
ich sei ein schaf

ich bin da so reingeraten
ich mein der typ ist in mich
reingeraten
aber halt nicht wirklich richtig
sondern nur zur hälfte
und es hat mir auch nicht gefallen
sonst wäre ich ja jetzt nicht hier

die bei der staatsanwaltschaft
haben wohl irgendwie einen
fehler gemacht und durch drei
kripobeamte nicht nur mein
haus durchsucht
oder die von der polizei waren schuld
weil sie ja alle räume durchsuchen
sollten und meinten
auch einen gewissen innenraum
durchchecken zu wollen
keine ahnung
auf jeden fall haben sie nichts
gefunden

denkst du die in sri lanka
konnten irgendwas beeinflussen?
nein und ich auch nicht
flutkatastrophe im unterleib
und ich musste das beste draus machen

hinterm haus hab ich freimaurer
gespielt
hab ne wand hochgezogen
und war so wie
vater und mutter mich schufen
da dreh ich mich um
will nach neuen steinen
greifen
und greif über den zaun
100 meter weiter ins haus
von den schulzes und
bin mir nichts dir nichts
in einer fremden hose
gelandet
zuerst hab ich gedacht es sei deine
und wollte dir schon fremdgehen
unterstellen
weil du ja dann in nem fremden haus
gewesen wärst
dann hab ich an der größe aber schnell
gemerkt
dass du das nicht bist
und mich dann so gefreut dass ich ganz doll
gezittert habe
deshalb ist mein kleid voller sperma
das meiste ist aber zement

auf der beerdigung wollte ich
irgendwie mein mitgefühl ein wenig
besser darstellen als die anderen
du weißt doch wie eigen ich bin
ein "herzliches beileid" sagt doch nichts aus

was machst du mich so an?
sprech mal lieber mit meiner vagina
ich kann da doch wirklich nichts
dafür
warte ich leg sie mal frei

ach du bist gar nicht impotent
na dann tut es mir leid
dann war es ein versehen

guck mal wenn ich alleine
mit vera nach ibiza geflogen wäre
hätte ich da jeden tag mit einem
anderen
und jetzt bin ich hier geblieben
und hab mit einem einzigen
und du willst mir alles vermiesen

10 neue erfindungen

ein impfstoff gegen platzwunden

ein achtbeiniges huhn züchten
damit man aus einem tier mehr keulen bekommt

abgerichtete erdmännchen die für
einen apfel und ein ei den garten umgraben

ein gerät dass prostituierte aufspürt
für männer die an keine und männer die an
eine geraten wollen
variabel für frauen auch in der stricher-
oder zuhälterversion

das gegenteil von einem kamin
eine offene ausbuchtung im
wohnzimmer in der eine schneelandschaft
aufgebaut ist
es schneit und man kann minischneemänner
bauen
die kälte jedoch zieht durch einen schornstein
nach oben
joghurt mit kamillen-gallseifen-geschmack

tampons die sich nach flüssigkeitsaufnahme
einfach auflösen
vielleicht irgendwo tief im inneren der frau
dann kann man sie auch mit vitaminen
anreichern
"einmal tampons mit vitamin c und
magnesium, aber bitte die mittleren"

ein gewehrkugelspray als alternative
zum cs-gas weil man ja damit keinen
umbringen will und ist ja blöd
wenn man es doch will
außerdem wäre der kugelstreuwinkel ja
ganz schön

eine hängematte die beim
umherschwingen energie produziert
und ihre unterlage dabei erwärmt
mhh kuschelig

ein handy das von füßen bedient werden
kann und somit füßy heißt

10 neue leckere gerichte

einen ameisenkuchen aus echten
ameisenköpfchen mit einer kleinen
spur teig

eis an schnüren
man legt hierfür einen nassen faden
oder ein haar ins tiefkühlfach und
kann es dann wenig später
herausholen
mit zucker bestreuen und genüsslich
ablecken

das naturmahl
hierfür wirft man einen teller
in den wald und die sache
auf der er liegen bleibt
muss man dann essen

nudelrasen für eine großfamilie
ausrollbar auf maximal 3 meter
mit einem rasensprenger der
tomatensosse spritzt und fleischklößchen
zwischen den nudelhalmen

königsberger kloppse mit
einer krone aus melone
ausstatten
und kurz staatsempfang
nennen

lecker
gefüllter katzenmagen
mit hundenasen
mal anders herum
vorsicht zutaten nur unterm
ladentisch oder schwierigen
umständen erhältlich
schmeckt schön saftig und irgendwie

sogar wie hühnchen

von soldaten zermaschierte
kartoffeln mit speck und
maschinenöl
"schwarzes püree"

heilbutt garniert mit aspirin
spritzbesteck und leicht berieselt
mit gips
am besten dazu auch ein
paar verbände reichen

spinatregen
dazu muss man sich hinlegen
einer steigt auf einen stuhl
und schüttet die lauwarmen
spinateinzelflecken
auf den liegenden
dann wird die position gewechselt
und nicht vergessen mund zu
öffnen

selterspassravioli
man nimmt eine plastetüte
füllt selter hinein
schliesst das ganze
(zusammenkleben)
schüttelt ganz doll
und legt es dann aufs büffet
das wird sicherlich
irgendwann
die silvesterberliner ablösen

20 verschiedene stationen
der bobitzer psychiatrie

auf der station 1
liegen fast nur kinder
sie haben alle das problem
nicht schaukeln zu können
dies behindert sie stark
und mit allerlei
therapien wird hier an
diesem problem gearbeitet
ganz schlimm steht es um
den erwin
der verfehlt jedes mal mit
seinem hosenboden
den sitz
schlimm so was

streng riecht es
auf station 2
die menschen die
hier behandelt werden
teilen sich alle das
selbe krankheitsbild
sie können nicht verstehen
das der körper auch wieder etwas
preis gibt
sie kommen mit ihren ausscheidungen
gar nicht klar und
lernen auch nicht aus den
auftretenden problemen
immer wieder hört man in dieser
abteilung
"huch was ist das denn"

station 3 ist für diebe
die die störung haben
ihre opfer nicht zu sehen
heißt sie pirschen sich an
ihre beute an

und die person die bestohlen
werden soll
kann seelenruhig beobachten
wie der dieb nach der
brieftasche greift
und sich ständig umguckt
ob einer kommt
und weil dieses klauunterfangen
ziemlich schnell in die hose geht
nennen sich die
patienten auf dieser station
auch "die dummen diebe"

auf station 4 sind die leute
untergebracht die denken
dass sie eine tablette sind
dieses problem ist verbreiteter
als man denkt
und man kann sich an einer
packung aspirin abzählen
dass es hier ziemlich schwierig ist
zu medikamentieren
eine tablette kann ja keine
tablette schlucken usw...
ständig versuchen sich patienten
gegenseitig in den mund zu springen
ein heilloses durcheinander
das hier geheilt wird

zwangskitzler landen alle
auf station 5
sie haben den zwang sich oder
andere kitzeln zu müssen
in den ersten zwei wochen
werden ihnen die arme am
leib festgebunden
später wird dann nach einem
trauma gesucht
zwangskitzler haben meist
eine ziemlich durchkitzelte

kinderzeit
was auf eltern und großeltern
zurückzuführen ist
manchmal natürlich auch auf geschwister
und extravakante babydeckchen
etc..

laut und für gesunde kaum
auszuhalten sind die patienten der
station 6
sie halten sich für autohupen
verschiedenster bauart
gruppengespräche hören sich an
wie türkische hochzeiten
und sind vom therapeuten schlecht
zu entschlüsseln
meist hat sich aus selbstschutz auch
die familie von diesen menschen
abgekapselt und sie haben es
deshalb noch zusätzlich schwer

die station 7 bewohnen die
schlimmsten und moralisch
widerwärtigsten gestalten
jede schwester sträubt sich dagegen
hierher versetzt zu werden
und das personal wurde eigenst aus
polen beordert
hier landen all die
die bücher in den papiermüll
oder noch schlimmer in den
normalen müll werfen

tapiziersüchtige und andere
heimwerkersüchte werden auf der
8 behandelt
hier gibt es ganz wenig
ergotherapie und dafür
ganz viel sport und gespräche
manche menschen haben aus

80 qm wohnfläche durch
tapizieren
12 qm gemacht und noch
schlimmer

fast so schlimm wie
die bücherwegwerfer
und schwierig bis gar nicht
zu behandeln
sind die menschen
die denken
sie seien gesund
davon gibt es mehr
als man denkt
und es bedarf schon einer
speziellen therapie dies zu
ändern
auf station 9 arbeiten
examinierte kräfte
um diese patienten von
ihrem wahn
gesund zu sein
abzubringen

station 10:
nur ganz wenige kliniken
behandeln das phänomen
der knochenrausreisser
das sind menschen die
damit nicht klarkommen
das sie halt an einigen stellen
harte innereien (knochen)
haben
mit aller gewalt brechen sie
sich diese heraus und
machen sich so ganz und gar kaputt

die 11 ist für psychisch kranke
gemacht
die spielzeug heiraten wollen

nachdem eine frau vor dem
bobitzer standesamt eine happy hippo
figur heiraten wollte
wurde von seiten der stadt
diese station angeregt
es gibt hier sogar männer
die ihre kartbahn oder
ihren tischkicker geheiratet haben
indem sie eine frau genommen haben und
unter ihrem schleier das spielzeug
gesteckt haben
die ehen wurden natürlich annulliert

die schwestern die auf station 12
arbeiten gehen jeden abend
oder morgen glücklich zur arbeit
und kommen von dieser
sie haben es bei sich mit
zwanghaften komplimentenverteiler
zu tun
die immerzu beobachten und
bewerten
„ach wie schön ihr haar
heute die medikamente umweht
richtig golden kräftig
wie gegossenes goldwachs
auf elfenbein"

station 13 therapiert gleich
zwei krankheitsbilder
zum einen leute
die völlig durchdrehen
wenn sie blut oder tränen sehen
und zum anderen
menschen die ausflippen
wenn sie kein blut und keine
tränen sehen
das gibt leider einen ziemlich
unschönen kreislauf aber es
geht leider nicht anders

natürlich gibt es in dieser
psychiatrie auch ein haus 14
für die menschen
die mit tieren aufgewachsen
sind
so wie kaspar hauser halt
so gibt es hier den ottermann
das papageienmädchen
und die flohzwillinge
damit alle artgerecht gehalten
werden können
wurde ein wildgehege an das
haus gebaut und eine vogelvoliere
um diesen menschen zu beweisen
das sie welche sind
wird ihnen ständig ein band vorgespielt
(auch nachts)
„du bist ein mensch, du bist ein mensch"
nur das papageienmädchen
reagiert und versteht schon mal das
alle anderen menschen sind

eine ganz seltene krankheit
gibt es auf der station 15
hier sind 18 frauen beheimatet
die statt ihrer kinder
grünpflanzen zur schule fahren
und auch wieder abholen
die kinder hingegen stehen im garten
und gucken in die sonne

beobachtet werden die patienten
auf der 16 schon
aber sie fühlen sich nicht beobachtet
in ihrem häuslichem umfeld stellen sie
überall videokameras auf
oder fotografieren sich
vergessen das und fühlen sich beobachtet
oder sie stehen vor dem spiegel und

empfinden so
abgeschottet von allen technischen
geräten und spiegeln
ebbt das alles auf station ab
nach 8 wochen heißt es dann
wieder auswildern und gucken

apropos spiegel
eine station weiter
will man patienten abgewöhnen
ihr spiegelbild nachzuäffen

schwierig sind die von
der 18
die denken sie seien
stehlampen und sie bemerken
genau das ihnen da kein licht
aus dem kopf scheint
jetzt sind sie eigentlich auch nur
in der klinik
weil sie denken ihnen wird da
die birne ausgewechselt
und irgendwie stimmt das
ja auch

blutig geht es her
auf der station 19
hier liegen leute die
denken sie haben ständig sachen an
auch wenn sie nackt sind
versuchen sie sich auszuziehen
ein ganz schwerer fall hat sich am
letzten freitag die arme
anstatt der ärmel hochgekrempelt
hier arbeiten hartgesottene schwestern

mehr als 20 stationen gibt es auch
gar nicht und auf dieser
therapiert man wegsis
das sind leute die alles wegschmeissen

ihr leben
ihre freundschaften
selbst diese auflistung würden
sie sofort wegwer......

**10 dinge die im magen
eines pferdes gefunden
werden könnten**

drei männer die skat spielen
und sich schon immerzu wundern
warum es so dunkel ist
und so komisch riecht
außerdem sei das klo besetzt

ein aufgedunsener bandwurm
der halb tot in der magenschleimhaut
hängt und leise "hilfe" schreit
daneben ein hafersack ohne hafer

212 druckerpatronen
aber kein einziger drucker
das pferd hat lediglich
buchstaben gerülpst

komischerweise ganz viele
schmetterlingsflügel
aber keine schmetterlinge
das pferd muss zielgenau
geschnappt haben
vielleicht wollte es auch einmal
fliegen

ein krimineller der sich
versteckt und sich dann irgendwie
verlaufen hat

ein sauriergerippe das da ganz
schön schwer umherliegt und
das bei gutem wetter ein gebein
durch das poloch schauen lässt

seinen eigenen reisepass
und dann steht man vor dem
aufgeschlitzten pferd

und versteht die welt nicht mehr
und weil man sie nicht versteht
kann man gleich den nächsten flieger
nehmen den reisepass
und losbrausen

ein stück asphalt
weil man ja beim schnappen auch mal
durch den elektrozaun reicht
und straße frisst

einen herd
weil irgendein verrückter
pferdefleischesser
das pferd von innen braten
will

atlantis und keiner hat damit
gerechnet

**10 möglichkeiten jemandem oder etwas
ein lustiges gesicht zu malen**

einem unlustigem menschen
dem grad frau, kind und eltern
gestorben sind
mit einem edding lachfältchen
und mundwinkel nach oben
zeichnen

die giftige kobra
(ist das die mit der rassel?)
am kopf packen und dann
ein lustiges gesichtchen auf das
schwanzende kritzeln
dann beobachten ob
andere tiere trotzdem noch
angst haben
wahlweise kann man auch selbst
testen ob man jetzt weniger angst hat
oder vielleicht sogar mehr

in einen zeitungskiosk einbrechen
und alle titelmenschen lustig malen
am nächsten morgen vor diesem
laden stehen und sich total aufregen

auf den spiegel mit lippenstift ein
lächeln malen und dann auf den boden
eine standposition
so dass man sich dann immer
darauf stellen kann
wenn es einem blöd geht

mit einem flugzeug ein lachendes
gesicht in die luft malen
natürlich über irgendeinem
krisengebiet mit ordentlich krieg
vielleicht hört das dann auf

wenn man kinder hat
kann man ihnen lustige gesichter
in die butter ihrer stullen
kratzen
dazu vielleicht ein paar herzchen
und wenn andere mitschüler das
dann sehen
bekommen die kinder ein wenig
prügel
weil sie muttersöhnchen sind
dann kann man sich darüber aufregen
und miese laune bekommen und dann
schnell ins bad laufen und standposition
einnnehmen

in einer sms:
"liebe katrin, ich kann nicht mehr länger
du nervst wie sau und ich hab eh eine
andere :), du warst immer scheiße im bett :)
aber macht nichts mach ja jetzt schluss
mit dir und nun geht das leben los :)
bis dann"

ein lustiges gesicht mit
farbe an eine synagoge sprühen
und warten ob das auch die polizei
ruft

versuchen kann man
dem totentuch von turin
(jesus bla bla bla)
endlich mal ein sympathisches
gesicht zu schenken
man muss nur ziemlich schnell sein
und durch glas zeichnen können

all seinen fingern kann man
ein lustiges gesichtchen
malen
sich selbst befriedigen

und dabei dann von einem
fröhlichen swingertreffen
träumen

5 allergien

es gibt menschen die
allergien gegen geburten haben
schon wenn sie auf die
welt geworfen werden
bekommen sie ihren ersten schock
stresshormone werden ausgeschüttet
und sie schreien wie am spiess
frauen mit dieser form der
empfindsamkeit bekommen
manchmal sogar sehr dicke
ausbeulungen über der schamgegend

gegen einsamkeit kann
man doch gar nicht allergisch sein?
na das erzählen sie mal
hartmud kolse
der immer wenn er alleine ist
aus den augen eitert
und dabei ganz komisch röchelt!
der ist völlig kaputt dann
und es wird erst wieder besser
wenn ihn irgendwer besucht
kann auch der schornsteinfeger
oder der gerichtsvollzieher sein
man weiß noch nicht ganz genau
ob es einfach nur eine depression
oder halt eine allergie gegen
einsamkeit ist
schlimm ist es für kolse auf
alle fälle

anja mögen manche
allergiker gar nicht
es kommt gar nicht auf den menschen
an
sondern auf den namen
es wird schnell gemerkt wenn irgendeine
anja im raum ist

dann steigt in diesen menschen
eine sehr hohe anspannng hoch
ihnen steht die scheiße bis hier
(ich zeig grad)
dann hilft nur noch
"wer heißt hier anja?"
und dann wird die person gebeten
ein anderes lokal aufzusuchen
aber das kennt man ja sicher aus
eigener erfahrung
aus eigener lieblingskneipe

von freiem fall bekommen andere
schnupfen
keuchhusten
oder werden gleich ohnmächtig
ganz plötzlich sind die
symptome da
und gehen erst weg
wenn alles vorbei ist

gott sei dank ist keiner allergisch
gegen sich selbst
aber leider gibt es da eine
ander form
menschen die gegen ihre eigene stimme
allergisch sind
fälschlicherweise werden diese
menschen für taubstumme gehalten
vielleicht weil sie als folge der konfrontation
mit ihrer stimme ihre stimme verlieren
oder so

5 negative einstellungen

morgen geht die welt unter
und wenn sie das tut
wird sie mich mitnehmen
meine mutter auch und die
nachbarin wird auf ihrem
balkon weiterhin cafe trinken
und ihr gequatsche dröhnt bis zu mir
ins jenseits

geburtstage feiere ich
grundsätzlich nicht
kommt ja sowieso keiner
auch nicht wenn ich irgendwen
einladen würde
aber ich feiere ja auch keine
geburtstage und so kann ich nicht
mal irgendwen einladen
dabei würde ich ja so gerne
heul

hunde sind alles kampfhunde
selbst polizeihunde sind
kriminell
die ganze kacke überall
fürchterlich
und die trümmersuchhunde
suchen nur ihr fleisch
und müssen von den thw-leuten
von den opfern weggeknüppelt
werden
hab eigentlich richtig angst
vor meinem dackel und
werd ihn wohl morgen mit baldrian
einschläfern
besser ist besser

nee nee
den jackpot kann ich nicht

annehmen
ich spiele zwar lotto und hatte die
richtigen zahlen
aber ich bin nun mal ein pechvogel
und wenn ich jetzt das geld nehme
dann ist der fall länger nach unten
ich bin eh total hirnbescheuert
und würde mir heroin oder so kaufen
und will ich ja nicht

das kann ich nicht
weil ich das nicht will
und ich sage nein gegen mich selbst
bin nihilist und das mit ganzer
meinung meiner selbst
und dazu kommt noch
das ich micht in dieser sache gar
nicht ernst nehmen kann
und könnte ich das
hätte ich ja gar keine meinung
kann mal irgendwer mein
gehirn ausschalten?

20 möglichkeiten warum ein flugzeug abstürzen kann

es stolpert über eine wolke
die zufällig die form eines
spitzen steines hatte

jemand hat den
nothalteknopf gedrückt
dadurch fehlte die
beschleunigung
der auftrieb
und die maschine plumpste runter

der pilot muss 5 sekunden
vor der landung noch mal
ganz dringend auf die toilette
und merkt erst vor der wc-tür
dass der co-pilot schon drauf sitzt
als er zurücklaufen will
wird er von einer alten oma aufgehalten
die ihn fragt
ob hitler eigentlich noch an der macht ist

außerirdische spielen flugzeugscooter
rammen das flugzeug bis es nach unten
stürzt
danach holen sie sich zuckerwatte

der leim von einem
neuen ikarus hat der sonne
parole geboten
aber das flugzeugtriebwerk
kam dazwischen

weil es am boden
eine wunderschöne
lufthansamaschine sieht
sich sofort verliebt
flugzeuge im bauch bekommt

die alle kollidieren
und der pilot an bord ganz irritiert
ist von den ganzen verschiedenen
notrufmeldungen
und dann will das flugzeug auch
noch sofort nach unten

korrupte flügelbauer
haben von einer taiwanesischen
firma geld bekommen
damit sie den neuen kunststoff
larimkanis einsetzen

eine verrückt witwe wollte
eine luftbestattung ihres mannes
vornehmen
hieb so lange mit der urne
gegen das bordfenster
bis dies zersprang
der unterdruck zerfetzte
alle technik
und in reihe 12 ist
sogar ein kind zerplatzt

ein computerhacker aus
bobitz wollte
das auch in seiner kleinstadt
mal was los ist

der kleine sechsjährige peter
hat aus einem hochhaus
einen flummi geworfen
der sprang nach aufprall am boden
so hoch
das er ein flugzeug traf
und genau im fahrwerk
stecken blieb
und so die klappe blockierte

der pilot hat seine post

mit nach oben genommen
und dort von seiner
kündigung erfahren

april april
und die dachten wirklich
dass sie für 12 euro
einen flug und ein hotel
auf den malediven bekommen
ha ha ha

irgendwie hat das schicksal
einen u-boot-kapitän
mit einem piloten verwechselt

weil in rostock der flughafen
direkt an einem waldstück liegt
konnte ein marder ungehindert
zugang zu den innereien des
flugzeugs bekommen und hat
ein paar kabel durchfressen

bush dachte
es könnten ja vielleicht
terroristen an bord sein
und wenn nicht
kann es sie ja abschrecken

die landebahn sah aus wie
eine wolke

weil flugzeuge aus eisen
sind und eisen schwerer
als luft ist

an bord der boing
wurde ein paar vermählt
aber als der ehemann hörte
„bis das der tod euch scheide"
hat er mit seinen gedanken die

maschine beeinflusst abzustürzen

ein poltergeist
der auf einem anderen flug
einmal gestorben ist
wollte es mal richtig poltern lassen

eine studiengruppe liess
einen affen navigieren
der nach china einfach durch die
erde durchfliegen wollte

5 kolleginnen der zahnfee

die schamhaarhexe
sammelt in den bädern
schamhaare ein
und legt dafür gelbe pfützchen
neben das klosett
nur männer können sie sehen

manchmal kann man sich
nicht mehr an sachen erinnern
plötzlich ist ein name weg
oder man weiß nicht
mehr wann onkel paule
geburtstag hat oder
ob er nicht der vater ist
wenn so etwas passiert
war der gedankenelf da
der sammelt wahllos gedanken ab
ersetzt sie durch freie hirnkapazität
und die gedanken werden an die
musen verscherbelt

wer dem zwangstauscher über
dem weg läuft
humpelt bald über eine
brücke
wo vorher noch eine straße war
und ein bein anstatt einer
schultüte die aus dem unterleib
ragt
er tauscht alles mit eifer
und ohne begrenzendem
verstand

der buchstabenmagier
nimmt sich einfach buchstaben
aus wörtern
er nimmt zum beispiel
ein "r" und ersetzt es durch

49

ein "p"
und weil der mensch dann
über seine eigene sprache
so verunsichert ist
fängt er an zu stottern

der naturkatastrophen bedient
sich der guschkobold
mit hurrikans nimmt er häuser
und ganze existenten mit
und erfüllt so wunderbare
alpträume

15 warum die dinosaurier ausgestorben sind

weil die pferdepopulation
damals so angestiegen ist
und diese bekanntlich
sehr gerne saurier essen

der intergalaktische zoo
hat alle frühzeitlichen
erdentiere gestohlen
und nur quastenflosser
und ein paar echsen
dagelassen

dominoeffekt
ein unachtsamer
t-rex
ist umgefallen und
hat alle anderen mit sich
umgerissen
damals standen alle
so dicht
irgendwie hatten sie
dann vergessen
wieder aufzustehen
und sind verhungert

es wütete ein
fürchterlicher krieg
indem die krebse am ende
alle dinosaurier besiegten

die erde wechselte eines
tages blitzschnell ihre umlaufbahn
und größere tiere sind dadurch
in den weltraum geschleudert worden

alle millionen jahre kommt
gott einmal mit einem

staubsauger und vernichtet
alles unkraut

sie haben sich nur
weiter entwickelt
tolle neuigkeit:
die menschen stammen
von den sauriern ab

noah durfte sich von den
riesen anhören
"ach quatsch so hoch
wird das wasser doch niemals
steigen"

sie hatten keinen bock
mehr auf die erde und
sind umgezogen

das mindesthaltbarkeitsdatum
der gattung war abgelaufen

sie verstecken sich die ganze zeit

ihnen sind flügel
gewachsen
und jetzt warten sie im himmel
und fressen unsere seelen

es gab sie nie
die knochen die gefunden
wurden sind nur
versteinerte kalkadern

was ist wenn sie
wirklich im erdkern
warten und sich mit
hitler
auf den endsieg vorbereiten?

ein urzeitlicher zauberer
hat sie alle in knöpfe verwandelt

5 merkwürdige krankheiten

"klau-in-maul-seuche"
eine form von essstörung
ber der menschen nur
sachen essen können
die sie vorher gestohlen haben

eine der abscheulichsten
krankheiten die
die menschheit kennt:
"tausenfüßleritis"
hier bekommt der erkrankte
überall am körper
längliche geschwüre
die wie kleine füßchen aussehen

"welke augen"
der muskel t2l55
zieht durch eine entzündung
wasser aus den augen
und lässt sie so trocken werden
daraufhin plumpsen sie aus
den höhlen und man kann nichts mehr sehen
oder halt seine lippen wenn sie
gut hängen

man weiß noch nicht
wie es zusammenhängt
aber irgendwie reagieren manche
gegenüberliegenden adern
aufeinander allergisch
(meist beinkranzgefäße)
sie schlingen sich ineinander
und zerstören sich so gegenseitig
"kampfadern"

"die falte"
betrifft nur frauen
schon mit zwanzig können sie

zu einer einzigen falte verfalten
da helfen keine cremes
und gar nichts
vielleicht liegt irgendwo
im regenwald ein gegenmittel
bis dahin aber werden
diese kranken nie wieder in einen
spiegel schauen können
denn das gesicht faltet sich
automatisch genau
in der mitte zusammen und
man kann sich selbst ins auge schauen

10 vorteile einer querschnittslähmung

man brauch keine
angst mehr davor haben
querschnittsgelähmt zu werden

keinen muskelkater mehr
niemals

wenn man es kann
kann man faulheit in seiner
allerpursten form genießen
ohne das man sich schuldig
fühlen brauch
man bekommt sogar noch
mitleid dazu

man kann viel besser meditieren
und in sich hineinhorchen
und brauch sich dabei nicht mit
seinen körperfunktionen
rumprügeln

man brauch nicht auf zwei
hochzeiten gleichzeitig tanzen
weil man das ja eh nicht mehr
kann

wenn man mit seinem rollstuhl
irgendwo hingeschoben wird
lernt man zimmerecken oder
sehausschnitte viel besser kennen
die achtsamkeit wird geschult

nie mehr abwaschen aber
alles darf man dreckig machen

vom rollstuhl kann man
sich fallen lassen und
landet immer automatisch in

einer schlafposition

man kann nichts mehr falsch
machen weil man nichts mehr machen
kann

kniggeregeln brauch man auch
nicht mehr befolgen
nie wieder:
"ach mensch man gibt doch der
frau zuerst die hand"

10 situationen auf die man
mit wut reagiert

wenn jemand einem ein
bein stellt und im sturz noch
einen arschtritt hinterhergibt
dann will er einem hochhelfen
und schneidet einem das bein
ab

eine krankenschwester muss
blut abnehmen doch anstatt
eine armvene zu nehmen
schneidet sie einem den bauch auf
und schöpft mit einer kochkelle
das blut heraus

man bestellt bei einem wirt
weizenbier und bekommt weisswein
und lokalverbot
draußen fängt einen die polizei
dann ein
und nach acht jahren zuchthaus
bekommt man heraus
das sich der wirt selbst umgebracht hat
und dir die schuld in die schuhe
geschoben hat

wenn man gerade um sein
leben kämpft und ein kerl dich fragt
"was der quatsch soll"

man hat einen hüni aus dem
tierheim befreit
ihn hochgepeppelt
und dann kommt der heizungsableser
wirft die tür weit auf
und der hüni..na ja

man spielt "mensch ärger dich nicht"

mit schimpansen und verliert

man hat die zahl pi
bis zur letzten unmöglichen zahl
ausgerechnet
dann kommen achtzehn raben ins
zimmer geflogen und holen sich die
aufzeichnungen um damit
ein nest zu bauen

nach jahren erfährt man
das man gar nicht man selbst ist
sondern jemand ganz anderes
die ganze zeit hat man es
vor sich selbst geheim gehalten
und nun ist es raus und man hat so
einen hals

man besteigt den kilimandscharo
an der schwierigsten wand
und dann ist der gipfel gesperrt
weil da ein werbefilm für ein mittel
gegen furunkel gedreht wird

der schreckliche nachbar
ist ausgezogen und jemand neues
zieht ein
denkt man
dabei sind die verwandten aus der türkei
nur noch dazugezogen

10 positive gedanken eines
lebendig eingegrabenen

regenwürmer mag ich eh viel
lieber als menschen

eine unfassbar geile
und lange sonnenfinsternis
geht ja schon zwei tage lang
und ich darf dabei sein
jipih

ha gott sei dank hab ich
keine platzangst

wenn der totengräber zufällig
neben mir ein loch gräbt
kann ich ja immer noch klopfen

alleine verstecken
kann man ja sowieso nur im
dunkeln spielen und das mach
ich ja so gerne

erde duftet ja nun wirklich mal
viel besser als reiner sauerstoff

gott sei dank
hab ich den herzinfarkt doch
überlebt

vielleicht ist das eine gute
chance zu einem menschlichem
maulwurf zu werden

jetzt brauch ich mich nicht
mehr überlegen wo meine brille ist
und bücher kosten ja auch zu viel
ich lebe den totalen totalverzicht
total toll

jetzt ist es zwar sehr kalt
hier
aber je länger ich hier liege
desto weiter sacke ich ab
und der erdkern soll ja
total heiß sein

10 tiere die gleich wieder ausgestorben sind

ein eichhörnchen das feuer spucken
konnte
verbrannte im eigenen baum

ein tausenfüßler mit streichhölzern
als beinchen verbrannte ebenfalls
als er auf einer parkwanderschaft
über eine streichholzschachtel wanderte
er erschreckte sich nur kurz
wegen dem zischen

eine kuh die in den boden wuchs
ist sofort erstickt
seitdem hat die natur
gar keine tiere mehr in den
boden wachsen lassen
deshalb wachsen da auch nur
pflanzen hin

ein falke mit nur einem flügel
stürzte genau in dem moment
als er flügge wurde ab
und konnte sich so nicht
fortpflanzen

die schildkröte die keine löcher
im panzer hatte folgte dem beispiel
der kuh und starb wegen luftmangel

ein regenwurm der ganz aus zucker war
überlebte einen regen nicht

ein hase mit einem fuchskopf
lebte nur einen sommer lang
im winter als der hunger größer
als der überlebenswille war
fraß er sich selbst

in jüngster zeit haben die
marienkäfer versucht ihre punkte
in kleine kreise zu verwandeln
jedoch sahen kinder darin kleine
zielscheiben und beschossen die
käfer mit zwille
pfeil und bogen
und spuckpapier

ein kamel mit pinguingenen
ist drei tage nach der geburt
in der sahara zerkocht worden
und versuchte ständig in den
sand zu tauchen

ein bandwurm der im eigenen
bauch geschlüpft war
kam mit der ganzen situation
gar nicht klar
kotzte sich selbst raus
und ist dadurch verschieden

15 möglichkeiten in schwerin
in die zeitung zu kommen

man besorgt sich bei einem
fleischer seines vertrauens
(am besten aus einer anderen stadt)
6 schafsköpfe
platziert einen in der
nacht vor dem schloß
stülpt einen kopf auf die goldene
reiterfigur des rathauses
an die türklinke des doms
legt einen mitten auf den marktplatz
ins gehege der nilpferde im zoo
und natürlich schickt man den
letzten kopf per ups
in ein redaktionsbüro

man macht ein paar
fotos einer lichterkette
ruft dann die polizei
und schreit immer wieder
"ufos, ufos, ufos"
am nächsten tag ruft man
bei der polizei an
weil man ja entführt worden sei
und man kann sogar auf die
polizei verweisen
und fotos habe man ja auch

man kann auch ganz einfach
erzählen
das man wisse
dass norbert claußen ein
riesiges hakenkreuz auf dem rücken
tätowiert trägt

bei einem wichtigen handballspiel
läuft man nackt über
das spielfeld und wirft

mit großen wassermelonen um sich
dabei schreit man
"tomaten, frische tomaten"

man ermordet bush
irgendwie und irgendwo
am besten wenn er mal nach
schwerin kommt

man inseriert seine
eigene todesanzeige

zeitungen berichten auch
gerne über verrückte weltrekorde
am liebsten wenn sie selber
etwas damit zu tun haben
also wäre es für schwerin am besten
wenn man zum ballspiel
10 000 exemplare der svz-zeitung
ohne unterbrechung vorlesen würde
und das im schweriner see
in einem taucheranzug voller aale
100%ig würde man so in die svz kommen

man klebt ganz viele
hühnchenknochen zusammen
vergräbt sie dann im schloßgarten
und gibt dann eine pressekonferenz mit
folgender bergung eines
dinosaurierskeletts

einen leserbrief schreiben
mit ganz vielen netten worten und
die zeitung ist ja so toll
und die ganzen bilder echt geil
fantastisch bla bla bla

man schläft sich hoch
und oben in der schweriner
prominenz angekommen

macht man totalen schwachsinn
irgendwas worüber andere sich aufregen
können
zum beispiel ein bauprojekt vorlegen
in dem es darum geht
die altstadt zum dreesch umbauen zu
lassen
weil ist ja moderner
mit so plattenbauten und sowieso

man schläft sich noch mal
hoch und zwar bei einer netten
oder wichtigen redakteurin

ein nicht realer selbstmordversuch
und eine rettung von der spitze des
fernsehturms

eine parteigründung
ohne sinn und mit allerlei komischen
mitgliedern
zum ballspiel pinguinen
statuen und birken

man initiiert die erste
handtanzweltmeisterschaft
und lässt sie in der schweriner
kongresshalle steigen

eine anzeige wegen nichtbringung
eines eingesandten textes an die
svz
auch wenn man gar keinen
hingeschickt hat
berichten wird die zeitung über
das verfahren sowieso

5 dinge die jesus am
kreuz noch hätte sagen können

kann mich mal irgendwer am
rücken kratzen? würd mich ja
gerne an dem holz schuppern
aber jede bewegung...aua

und ich sage euch
irgendwann wird es von diesem
tage spiegel geben
vor denen
menschen der zukunft sitzen
und schweinefleisch essen werden

ihh das ist ja essig
na ja mach ich mal kurz aus
essig weißwein

äh hallo? ich bin übrigens gar nicht
dieser nazius von jesureth oder
wie der heißt
ich bins eugen zwelfe aus parchim
hallo?
kann mich mal irgendwer losmachen?

ach ja hallo herr römer?
effizienter wäre es gewesen
wenn man uns alle drei an
ein kreuz genagelt hätte
einer hinten
einer vorne dran
und den dritten
viergeteilt und dann in seinen
teilen zwischengenagelt
aber nein muss ja mal wieder ein
baum mehr abgeholzt werden
nee nee
vater vergib ihnen denn sie wußten
nicht was sie tun

10 warum männer brustwarzen haben

fehlprogrammierung der gene
eigentlich hätten statt der brustwarzen
da riesige lange zöpfe wachsen sollen

als stopper für das
sonnenschutzmittel auftragen
ansonsten haut man sich ja
die hand in irgendeine
kopföffnung

placeboeffekt
irgendein abgedrehter
urzeitkünstler hat
in eine höhle männer gemalt und
ihnen aus quatsch punkte auf die
oberkörper gemalt
generationen hindurch beeinflusste
die männer dies
und am ende bekamen sie
dann wirklich brustwarzen

damit auch jeder beim oberkörper
weiß wo vorne ist

männer hatten damals sogar
richtige brüste
aber durch das ganze jagen
haben sie sich diese im hohen gras
und beim anschleichen auf der erde
abgeschliffen
zurück blieben nur die warzen

weil auch bäume astlöcher haben

um noch mehr
erogenes zonenmaterial zu haben
denn ohne dieses

wäre kein orgasmus möglich

weil es gebärmutterwürmer gibt
die jeden säugling befallen und
dann bei der geburt nicht als solche
erkannt werden
ihre kleinen köpfchen schauen auch
bei männern aus der brust heraus
sind aber glücklicherweise dann schon tot

brustwarzen kann man bei
männern abnehmen darunter
befinden sich zwei knöpfe
links um den kopf anzuschalten
und rechts um das penisgehirn
auszuschalten
brustwarzen sind nur tarnung

brustwarzen sind eine erscheinungsform
des brustneids der männer
sie mussten sich mit der zeit bilden
und je mehr alkohol man trinkt
desto mehr neid wird freigelassen
und es bilden sich richtige brüste

10 was wünscht sich eigentlich der weihnachtsmann

friede in den eigenen
vier wänden
kurzum: ehefrieden
oder vielleicht gleich
weltfrieden
weil dann ja auch alles
mit der schwiegermutter klappt

das der osterhase auch ihn
mal besucht
und beschenkt
weil er sich darüber
auch mal freuen würde

das die kinder gleich
so vorbeikommen
um den scheiß abzuholen
und nicht immer wunschlisten
schreiben

das bier keinen bierbauch
macht

einen neuen look:
einen rosanen mantel
blaue stiefel
und einen stahlhelm

eine eigene relegion
in der er die hauptfigur
spielt und nicht dieser
christus

einen dritten weltkrieg
damit weihnachten wieder zum fest
der liebe wird
weg vom kommerz

einen nasenhaarschneider
mit dazugehörigen batterien
und einer umhängetasche

einmal nach mallorca
und sich ganz normal bis
zur besinnungslosigkeit besaufen
ohne das man ihn für einen
verrückten partypeople hält
der auf weihnachten wartet

manchmal würde er manche
kinder gerne windelweich prügeln
und dafür einen freibrief haben

5 angerissenes seemannsgarn

ich hatte gerade über bord geschifft
da kam aus den tiefen des meeres
der krake
packte mich
und fragte mit gewaltiger stimme
was ich denn im früheren leben
einmal gewesen sei
als ich es ihm sagte
liess er mich los und ....

es hat einmal so geregnet
das die regentropfen wie blumentöpfe
aufs deck geprasselt sind
sie haben das ganze schiff durchlöchert
wie ein schweizer schrotschussopfer
komisch war nur das kein wasser eingelaufen ist
sondern luft eingeströmt
und auf einmal hob das schiff ab
und konnte fliegen
kap horn bis hamburg
und keine einzige schraubendrehung
das war wirklich wunderbar

seit zwanzig jahren trage ich in meinem
körper einen riesigen anker
von aussen kann man das nicht sehen
weil ich irgendwie gut mit meinem
körper kaschiere
aber es stimmt und wenn ich einen furz
lasse
schaut für eine kleine sekunde
ein stück stahl aus meinem po heraus

ich bin einmal in einem echten
eichenholzsarg über den atlantik nach
afrika geschwommen
die haie hatten schon gemälde
ins holz gerissen

überall um mich herum gab es wasserfälle
und die sonne brannte schlimmer
als der durst in der kehle
ja und dann bin ich eingeschlafen
und hab geträumt ich bin in einem
richtigen schiff und jetzt bin ich immer noch
in diesem traum und kann irgendwie nicht
mehr aufwachen

mit 80 mann besatzung bin ich bis
ans ende der welt geschippert und hab
dort versucht lakrelen
mangusten und kuscheln zu fangen
die nähe zum schlund hat uns aber irgendwie
behindert und uns völlig fertig gemacht
da hab ich dann gesagt
"volle fahrt zurück" und in genau diesem
moment ist gott erschienen
der fuhr einen schäbigen einmaster und wünschte
"petrus heil"
dann angelte er sich 76 mann meiner besatzung
und schlug ihre köpfe alle im takt gegeneinander
und ich bin nur davongekommen
weil ich ihm gesagt habe
das ich moderig schmecke

30 was man mit einer bibel
sonst noch alles machen kann

weil eine bibel so schön dick ist
aber auch nicht zu dick
könnte damit ein jugendverein
trainiert werden
deren mitglieder später
hauptberufliche telefonbuchzerreisser
werden wollen

den deckel kann man als
mund für eine handpuppe
zurechtschneiden
und die ganzen seiten bastelt man
zu lustigen hüten um

statt einen dominoday einen
bibel-day veranstalten
8 millionen bibeln werden von
80 millionen chinesen aufgestellt
dann wird die erste angestuppst
und man kann sich zurücklehnen
beobachten
oder schlafen

wenn man ein zu kleines
spannbettlaken besitzt
kann man je eine bibel
auf die eckenzipfel legen
sich danach in die mitte und
es hält

wenn im hof die katzen
jaulen..

bei einem großen wasseranstieg und
bedrohung der deiche kann man
bibelsäcke abwerfen und so gut
abdichten weil ja papier wasser gut

aufsaugt und einen pfropf bildet

man kann sie aufgeschlagen
in den schoß legen
und mit etwas zwischen den
beinen einschlafen

ein lagerfeuer mit bibeln darf man ja
jetzt gar nicht bringen
weil dann hirnkaputte leser einen
vergleich zum naziregime legen
vielleicht darf man das aber doch aufführen
wenn man mal auf die schriften der inka
mayas und azteken hinweist
die im namen der kirche verbrannt wurden
ausgleichende gerechtigkeit

ein lustiger berliner
szenemodepapst könnte
bibeln schreddern lassen
und die endprodukte dann
mit baumwolle verweben lassen
dann wird das zu socken gemacht
die dann den markennamen
"heide" tragen

man kann die bibel aber auch
nehmen und darin fortwährend das wort
"herr" ankreuzen
dann kann man die wörter zählen
und sich genausoviel gramm irgendwas
in die nase ziehen
und gott besuchen

für die kinder kann man auch
einen bibeltrickfilm drehen
einfach mit edding ein gesicht
auf den umschlag gemalt
kleine drahtarme dran und los
geht der spass

eine idee für den inhalt wäre zum
beispiel:
eine kleine bibel wird von einem
karlo weggeworfen und das macht sie
total mal knorke traurig
sie rennt durch die schmutzige stadt
und irgendwann kommt sie an eine kirche
bettet zu gott
und wird vom priester mitgenommen
und alles ist wieder gut

tonscheiben sind viel zu teuer
manche kirchlichen splittergruppen
vergeben dafür die bibel umsonst

modellbauer können bibeln gut
als stadtmauern nehmen
auch kinder für ihre legostädte
oder türme

man könnte es auch als trend
für grufties einführen
dass sie sich die fliesen auf der toilette
sparen und einfach die bibelseiten
an die wand kleben
(wobei das sicher schon lange trend ist)

als sparbuch für scheine
guckt eh keiner rein und erst recht
kein dieb
weil der ja sicher vorbestraft ist
im knast sass und
da eh schon die bibel gelesen hat

versuchen kann man auch
die bibel als sein eigenes werk auszugeben
hier und da verändert man ein paar stellen
und dann schickt man sie zum verlag
(interessant wäre ob die bibel abgelehnt werden würde)

aus bibeln kann man auch
schön ein floß bauen
weil papier ist ja aus holz
und holz schwimmt und bibel
bedeutet viel papier und deshalb
viel holz und viel schwimm

neben dem ring beim
wrestling könnte eine sehr große
ausgabe der bibel liegen
und in der show mit eingebaut werden
zum beispiel könnte eine neue figur
auftreten
"der unglaubliche täufer" oder so
und wenn er einen richtig umhauen will
springt der aus dem ring
nimmt sich dieses total große exemplar und
"ding dong"
gewonnen

man kann seinen eltern einen
todesschreck bereiten
indem man die bibel mit einem
sichtbaren lesezeichen in den
flur platziert bevor sie einen besuchen

wenn sie dann schnell wieder gehen
wollen und ständig den kopf schütteln
blockiert man schnell mit einer anderen
bibel die tür

angenommen die eltern nehmen
dann nicht das fenster als einzigen
ausweg
dann kann man ihnen die
hauslatschen anbieten
diese bestehen natürlich auch aus bibeln
und um diese herzustellen muss man eine
bibel in leim enweichen
abhärten lassen und am nächsten tag

mit einem scharfen messer ein loch
hineinschneiden
so groß
dass man da bequem mit den füßen
reinschlüpfen kann
und fertig

man kann aber auch unkraut
damit glätten und trocknen
wenn man es zwischen die seiten
legt

geheimagenten könnten auf diese
zeitungsmasche verzichten
das fällt doch viel zu doll auf
besser wäre es doch
wenn man sich die bibel mit einem
einmachglasgummi vor die birne klemmt
kleine winzige löcher ermöglichen auch
ein perfektes sichtfeld und wenn man die
augen zumacht
sieht man nichts und wird so auch nicht
gesehen werden

wenn man eine garten hat
und nicht an die leckeren äpfel kommt
legt man sich eine bibel unter
und versucht es noch einmal
vielleicht fehlt ja genau dieses stück

bibelweitwurf werden sicher schon
irgendwelche heiden praktizieren
aber was ist mit bibelwettwurf?
ein jeder der mitzuschaut
wählt eine seite aus
und wenn das buch sich genau da
aufschlägt gibt es im idealfall
2 gewinner

man nehme die bibel

vergrabe sie in einem ameisenhaufen
und komme nach einem jahr wieder
jetzt testet man ob die ameisen frommer
geworden sind

mit einer bibel kann man in
den meisten kreisen auch schnell
freunde verlieren
zum beispiel kann man ja mal
versuchen eine bibel zum geburtstag
zu verschenken
das problem ist nämlich
das man entweder schon eine hat
noch nie eine wollte
oder durst hat

wenn man nicht einschlafen kann
sollte man mal versuchen eine bibel mit einem
strohalm aufzublasen

man verkündet auf einer internet-
verschwörungsseite
das jede bibel ein geheimnis preisgibt
wenn man sie röntgen lässt
"wer das liest ist doof"

geschäftstüchtige prostituierte
könnten etwas neues für
perverse männer anbieten
"massieren mit geweihten bibeln"

mit dieser auflistung möchte ich nicht provozieren
sondern sagen das die bibel so rein gar nichts heiliges an sich hat
und wenn es einen gott gibt wäre er nicht erzürnt
traurig oder würde darüber auch nur einen gedanken verlieren
und genauso sollte sich auch kein christlicher mensch
irgendwo bekratzt fühlen
glaube ist etwas sehr schönes
aber um an einen gott zu glauben bedarf es keiner
hunderttausend mal umgeschriebener bibel

die auch noch falsch übersetzt wurde
das wort gottes steckt nicht zwischen bücherseiten
sondern in unseren gefühlen
und um uns in der natur

gott erkennt man in vielem
aber man kann sich auch hineinsteigern
auch tausend jahre hindurch

7 lustige Bilder

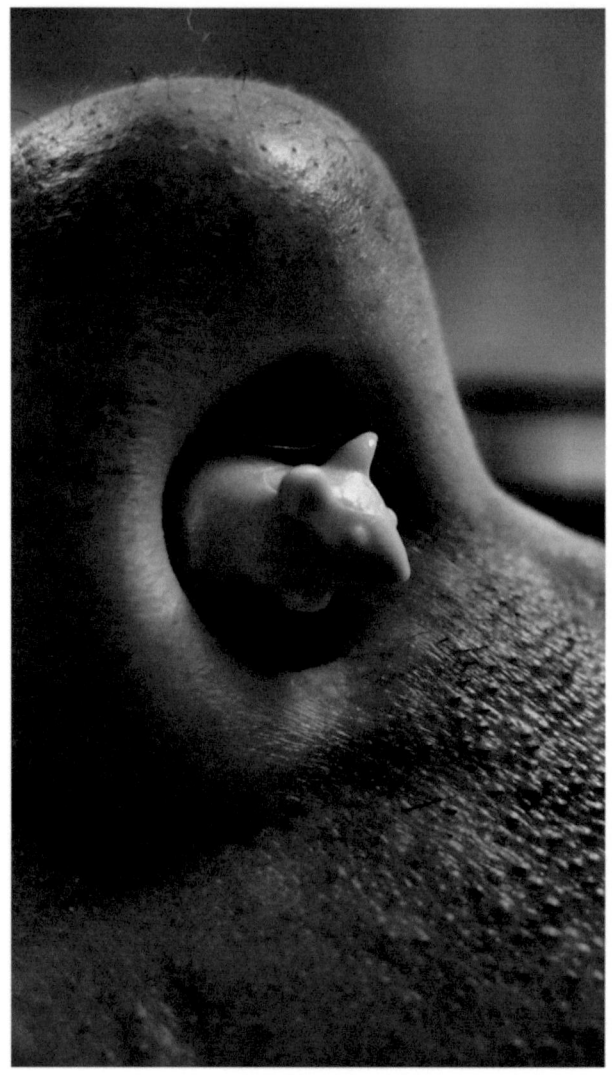

84

17 Anzeichen dafür, dass die Beziehung schon tot ist

Sie sagt "Ich liebe Dich wirklich".

Wenn sie ihr Handy nachts unter das Kopfkissen legt.

Auf die Frage "Bist Du gekommen?" sagt sie "Ich konnte nicht enkommen!".

Sie ist vor einem Jahr an der Maul- und Klauenseuche gestorben.

Ihr steht der Sinn nach Partnertausch. Am liebsten gleich für ein ganzes Jahr.

Man findet eine männliche Gummipuppe im Kleiderschrank.

Es kommt heraus, dass sie das Haushaltsgeld dafür ausgibt einen eigenen Haushalt zu gründen.

Die eigenen Kinder sagen "Wir dürfen nicht mit Fremden sprechen".

Man ersetzt das Sofa irgendwann durch ein zweites Bett.
Zum Frühstück gibt es kalten Kaffee und wenn man sie darauf anspricht meint sie
nur "Wie unsere Beziehung".

Wenn sie heimlich Sekundenkleber auf seinen Ehering streicht wenn er in der
Dusche ist.

Sie liest nur noch Krimis, in denen Frauen ihre Männer ermorden.

Weihnachten feiert sie bei einer guten Freundin.

Sie werden noch noch von ihr gestreichelt, wenn sie Handschuhe trägt.

Ihr Tagebuch gefunden und darin steht "Schon mal mit ihm von meiner

Seite aus Schluß gemacht. Muss es ihm nur noch sagen, liebe Kitty"

Sie ist Hausfrau und hat am Wochenende wichtige
Geschäftstreffen in ganz
Deutschland.

Bei der Geburt des Kindes fragt sie immerzu ganz ängstlich ob das
Kind nicht
vielleicht schwarz ist.

Version für Frauen

Wenn sie statt einer Bremsspur Gleitgel in seinem Schlüpfer findet.

Wenn an einem Tag 10-mal die selbe Frau anruft und immer wieder meint, sie habe sich verwählt.

Blonde Schamhaare in seinem Motoradhelm.

Sie findet eine Liste, auf der er chronologisch seine Fickgefährtinnen
festhält und sie ist vorletzte.

Wenn er sich auf einmal viel besser mit der Schwiegermutter versteht.

Drückt man Wahlwiederholung am Telefon landet man immer wieder
bei der Telefonseelsorge.

Wenn er auf seinem Pc auf einmal sehr viele Bilder von seinem eigenen Schwanz hat.

Er hat immer Schwanzschmerzen, wenn sie mit ihm schlafen will.

Versunken in ein Telefonat kritzelt er Herzchen auf einen Notizblock und meint dann es seien GnuHufspuren.

Versunken in ein Telefonat kritzelt er Hakenkreuze und den Namen seiner
Freundin auf einen Notizblock und meint dann es sei ein Versehen.

Er leiht sich von ihr Geld um es seiner Geliebten zu leihen.

Der Sex ist auf einmal viel besser.

Statt Fußball zu schauen nutzt er die Zeit sich seine Nasenhaare zu entfernen.

Er kann der Frau nicht in die Augen schauen und wenn er es tut,

sieht er
bümmlich dabei aus oder grimassiert.

Auf den Kontoauszügen sind Abbuchungen von Fleurop
vorzufinden wo
früher noch Beate Uhse ihre Posten hatte.

Er ist ganze Nächte über bei einem Taubenzüchterkollegen und ist
nicht total betrunken wenn
man versucht ihn in zu später Stunde zu erreichen.

Er verliert seinen Schlüssel, aber findet einen ganz anderen.

Annoncen

Er sucht Sie

Einsamer Giraffenmann mit seltener (nicht ansteckender) Hautkrankheit sucht nette Frau. Kinder sind kein Problem. Ich habe nämlich keine. Chiffre 1684

Hobbyfotograf sucht schöne Frau zum ablichten und liebhaben. Gegen Bezahlung oder Sex. 0171-20523322

Ich habe niemanden der mir sagt, dass ich hübsch bis wunderschön bin. Vielleicht hast Du ja Interesse? Egal, wie Du aussiehst. Auf jeden Fall darfst Du bloß nicht graziös sein. Da veröden nämlich meine Schamhaare von. Chiffre 1654

Multimillionär mit Defekt in der Gehirnregion für Ansprüche sucht irgendeine Frau. 0900-98098012

Ich hab di uff nen Balkon jesehen, aber Du hast mi ni anjesehen. Trotzdem odr deshalb ma I love You wie die Pest. Wenn Du Dich nich anjesprochen fühlst meld Dich bittschö uner 0177-5122335

Sie sucht ihn

Kräftige Sie (18Jahre alt) 99/160 mit drei kleinen Engeln sucht einen Mann mit Führerschein (Auto), Haus, Job und großer Aufopferungsbereitschaft. Schön, wäre es wenn Du uns von Anfang an so behandeln würdest als wären wir schon 2 Jahre mit Dir zusammen.

Ich werde einfach nicht schwanger. Kann mir jemand helfen? 0900-98098012

Verlieben per Scheck! 0172-1172320

Ältere Witwe (88-60/170) mit zu erwartender Endkurzlebigkeit hat keine Lust mehr auf den zweiten Richtigen zu warten und will jetzt einfach nur leben. 0161-45023699

Er sucht ihn

Die Dunkelheit ist mein Freund! Aber die Dunkelheit ist nicht sehr gesprächig und man kann sie nicht umarmen. Man wird viel eher von ihr umarmt und das genügt nicht, ist viel zu kalt. Hast Du Lust in mein Schwarz zu treten? Ich warte auf Dich im „Zu Klaus sein Stengelwurz mit Humpen" im DarkRoom 8 in der rechten Ecke hinter den Lackklappen. Ich liebe Dich.

Süßer hyperschwuler Rechtsanwalt sucht eine scharfe kriminelle Ratte. Am besten Mord-, und Totschlag, aber noch lieber Sittendelikt. 017629272135

Bekanntmachungen

Wir, vier junge Frauen (keine Nutten) möchten (und werden es) spazieren gehen (mehr nicht). Am 02.02.2008 werden wir im Kurpark von einem zum anderen Ende gehen und möchten nicht angesprochen werden. (Auch nicht von Lesben, Kampfunden oder Rentnern)

Reibe mich privat an Bürostühlen. Möchtest Du Dich draufsetzen? 0900-98098012

Biete

Magen-Darm-Grippe/Virus an Schulschwänzer zu verkaufen. 01629533714

Verschenken

Defekte Pizzaessmaschine an Bastler abzugeben. Pizzaria Vespucci, Landungsbrücken. Einfach langkommen und Losungswort „Pizzaessmaschine" sagen.

Fragen

Wer hat ein gutes Wassersuppenrezept? Kann man statt Wasser

auch Milch nehmen? Wie viel Wasser ist denn in Milch drin? Ist Milch nur weißes Wasser? Kann man das so sagen? Bitte melden: wassersuppenkocher@baueinimperiumauf.de

Kann man Wellensittiche wie Gänse zubereiten? Muss man dann nur die Garzeit prozentual zum unterschiedlichen Gewicht berechnen? Chiffre 1655

Alles was ich liebe

Ich liebe Steine, die im Licht glitzern, wenn man sie dreht.

Den Blick aus dem Flugzeug, wenn man über Wolken fliegt.

Liebespaare anschauen, die sich an den Händen halten und sich glücklich anlachen.

Holz im Lagerfeuer, wenn es flüstert.

Den Geruch wenn man sich Zimtstangen ganz dicht an die Nase hält.

Den sichtbaren Hauch im Winter.

Feine zarte Nackenhaare mit den Fingerspitzen berühren.

Braune Blätter, die auf der Wasseroberfläche tanzen.

Einen wilden Sturm der an den Häusern frisst und die Wolken im Zeitraffer über den Himmel fegt.

Fotos die einen echten emotionalen Augenblick einfangen.

Rustikale Balken in moderner Einrichtung.
Wein, der wie ein warmer Kuss auf den Lippen liegt.

Wenn man aus der Art, wie jemand redet, mehr erfährt als aus der bloßen Zusammenstellung seiner Wörter.

Dunkle Augen, die zum Versinken einladen.

Die Ruhe und der Friede zwischen Friedhofsbirken.

Schmale Frauenschultern, um die sich der Stoff von einem Männerhemd hüllt.

Das Schnurren einer warmen Katze in meinem Schoss.

Alte knorrige fast tote Bäume mit jungen frischen Trieben.

Ein flauschiges Handtuch im Gesicht.

Eine saftige Melone beißen und den Saft an den Wangen spüren.

Feldblumen zwischen Buchseiten trocknen und plätten.

Bunte Leuchtreklame in dunklen, grauen Städten.

Ich höre, dass Kinder stolz und überschwänglich von ihrem Mut sprechen.

Den Geruch von getrockneter Ölfarbe.

Mehrstimmige Vogelkonzerte in die sich das Rauschen der Bäume mischt.

Das Finden von fremden Notizen, weil es einen Einblick in fremde Köpfe ermöglicht.

Hölzerne Schubladen, die ganz leicht herauszuziehen sind.

Schokoladenstreusel ins Eis streuen.

Wenn man sich auf den Nachthimmel konzentriert und nach und nach immer noch mehr Sterne sieht.

Der Stoff eines dunkelroten Rockes auf meiner Handoberfläche.
Treppen ganz schnell hinunterlaufen oder springen.

Einen Briefkasten, in dem sich ganz viele Briefe versteckt haben.

Die Vergangenheit durch das Erinnern bereisen.

Enten, die Brotkrümel von der Picknickdecke fressen.

Augenbrauen mit einem schönen Schwung, die bei jedem Gesichtsausdruck mitfliegen.

Den Spiegel am Geburtstag.

Tränen, die wie Perlen über das Gesicht glitzern.

Höhlen mit Laken, Decken und bunten Tüchern bauen.

Einschlafen, wenn es hell wird und aufwachen, wenn es dunkelt.

Strassen in den Gesichtern der Alten, die sie mit ihren Erlebnissen bauten.

Fingernägel, die über meine Kopfhaut und meinen Rücken fahren.

Bei Kerzenlicht und Wein alte Fotos sortieren.

Beschlagene Badfenster, die, die Sicht nach Draußen verschleiern.

Bei nächtlichem Sommergewitter mit freiem Oberkörper durch die Strassen laufen.

Von einer Brücke spucken und den Flug beobachten.

Die Anrede „Lieber".

Berge, von denen man bis zum Meer sehen kann.

Lange dunkle Mäntel, die im Schnee Furchen ziehen.

Kleine Fliegen, die auf meinem Körper wandern und dabei wohlig kitzeln.

Meerwasser das auf der Haut trocknet und Salz zurücklässt.

Zeitungen aus meinem Geburtsjahr lesen.

Eine flüsternde Stimme nah an meinem Ohr, die mir „Gute Nacht" wünscht.

Das Geräusch von kleinen Steinen die zwischen Sohle und Betonboden knirschen.

Wenn junge Hunde nach Seifenblasen schnappen.

Versuchen mit einer alten Kamera Blitze zu fotografieren.

Alte Madonnastatuen die detailgetreu, grazil gebaut und unbemalt sind.

In der Nacht in helle Fenster ohne Gardinen schauen.

Frauenhaar in meiner Dusche. Ganz viel, weil die Frau dann schon ganz lange da ist.

Wenn ich mein Passfoto in fremden Brieftaschen sehe.

Wenn sich eine hübsche Frau in der Straßenbahn auf den Sitzplatz neben mir setzt.

Geliebte Musik aus fremden Walkmankopfhörern. Das verbindet.

Menschen, die voll hinter dem stehen, was sie tun.

Grazile schwarze, eiserne Brücken über grünem Seerosenteich. Frösche quaken.

An Rosen riechen, wenn keiner schaut.

Der Fleck Sonne auf der Handinnenfläche, wenn die Sonne durch ein Glas Weißwein scheint.

Den glitzernden Schweif einer Rakete, die in den Himmel pfeift und noch viel mehr die staunenden Menschengesichter.

Den Geruch von alten Büchern, bei denen die Seiten nicht mehr so gut halten und fast herausfallen.

Seltene Schallplatten die ich für den Menschen auflege, der sie schätzt, so wie ich es tue.

Den süßen Geschmack von Karamell ganz hinten auf der Zunge.

Die Nase ins Fell einer Katze drücken und riechen.

Nur mit Augen sprechen.

Lange große Schornsteine die so doll rauchen, dass es in die Wolken ragt und man denkt, alle Wolken kommen aus ihm.

Über Zäune klettern und unbekanntes Gebiet erkunden.

Tierstimmen in der Konserve sammeln.

Bei fremden Menschen ins Bücherregal schauen und Bücher suchen die man selber hat.

Ein dickes, fettes Schlüsselbund.

Eine große Badewanne mit viel heißem Wasser, einer Kerze und einem Buch.

Vor dem Klingeln des Weckers aufwachen und feststellen, dass man noch eine Stunde schlafen kann.

Dicht beschriebene gelbe Notizzettelchen an der Tapete.

Eine neblige Schneewehe und glitzernder Raureif auf geteerten Dächern.

Eigene wirre Gedankengänge über die ich lachen kann.

Der Geruch von geschenktem Parfüm auf einem Frauennacken.

Wenn sich in alten Filmen das Liebespaar das erste Mal sieht.

Während der WM durch die Straßen ziehen, Fußball eigentlich blöd finden und „Finale" schreien.

Schwarze TaiChiHemden mit Stehkragen und Knüpfverschluss.

Wünsche an einen Luftballon hängen und steigen lassen.

Ein Buch lesen und blinzeln, weil die Sonne so stark vom Weiß reflektiert wird.

In ihrem Blick sehen, dass ihr meine Berührungen gefallen.

Trostlose Gegenden durch Fantasie zum erblühen bringen.

Frauenlippen, die sich aufgeregt verhaspeln.

Meinen Lieblingsort einem Lieblingsmenschen zeigen.

Krähen, die im Herbst von Straßenlaternen zu Straßenlaterne springen.

Kalte Hände unter kaltes Wasser halten und sie warm werden lassen.

Das Geräusch in den Schienen, wenn der Zug noch nicht zu sehen ist.

Die Vorstellung in einem Schaukelstuhl mit einem Buch zu sterben.

In frischem Schnee als Erster einen Abdruck machen.

Einen Lachanfall in der Kirche bekommen.

Omis, die aus der Milchpackung die Kühe ausschneiden, dann auf Pappe kleben und sich auf die Fensterbank stellen.

Gartenpartys zu denen auch Leute stoßen, die man nicht kennt und einer von diesen spielt auch noch Gitarre.

Sich in der Dusche total einseifen.

Zweimal Weizen bestellen und zweimal Weißwein bekommen.

Vom Rücksitz aus eine Frau auf dem Fahrersitz im Rückspiegel beobachten.

Morgens durch den Tau die Spinnennetze in den Büschen sehen.

Steine mit härteren Steinen aufbrechen und es im Inneren glitzern sehen.

Käse beim Zerschmelzen in der Pfanne zuschauen.

Wenn sich der Regen wie eine Gardine ans Fenster hängt und später die Sonne hindurchglitzert.

In der Nacht den Mond durch die Pfütze betrachten.

Den kleinen Keks auf Hotelkissen.

In einer Sauna küssen und auch innerlich heiß werden.

Wenn ich mit meiner Anwesenheit ein gutes Gefühl erzeuge.

Das letzte Exemplar „Irgendwas" ergattern.

Wenn ich zwei Nägel ohne Messung in die Wand schlage, ein Bild draufsetze und feststelle dass es nur leicht schief ist.

Schwule Männer, die nicht affektieren.

Leberflecken auf Frauenarmen die Sternbilder oder Gesichter bilden.

Eingekratzte Liebesbeweise in Beton.

Fremde Einkaufszettel im Korb finden, lesen und Rückschlüsse ziehen.

In Flaschenhälse spitzlippig pusten und einen Ton erzeugen.

Jede Sekunde von der Zeit in der sich die Distanz zur Liebgewonnenen verringert.
Flackernde Fahnen mit Geräusch.

Wenn mir jemand eine Zeitung aus meiner Heimatstadt mitbringt.

Über einen ganz dunklen Friedhof gehen und Grablichter zwischen den Gräbern leuchten sehen.

Frauen Komplimente machen die sie noch nie gehört haben und als Lohn ein Lachen bekommen.

Strandsand in der Duschwanne.

Im Auto fahren, es regnet und die entgegenkommenden Autos zaubern mit ihren Scheinwerfern aus den Regentropfen Sterne auf der Frontscheibe.

Wenn sich die Natur etwas vom Menschen wiederholt.

Wenn man durch ein Dorf fährt und dort ältere Menschen in Kitteln und unmodischen Latzhosen sieht.

Eine Brille mit einem Brillenputztuch lupenrein putzen.
Kinder die auf einer alten Wolldecke altes Spielzeug vor Kaufhäusern verkaufen.

Das Flakkern des Morgenlichts wenn der Zug durch einen Wald fährt.

Wenn eine Friseurin meine Haare wäscht und dabei meine Kopfhaut massiert.

Die Nadel des Plattenspielers auf die Platte setzen und das Geräusch dabei.

Durch ein Maisfeld laufen, sich voreinander verstecken und dann erschrecken.

Wenn mir jemand zärtlich auf die Stirn und den Haaransatz pustet.

Über alte Ehepaare lächeln die, die gleiche Regenjacke tragen.

Den Kleiderschrank aufräumen und dabei Sachen finden, die man unbedingt mal wieder anziehen will und die man total vergessen hat.

In irgendeinem Amt sofort drankommen.

In einem alten Menschen das Kind entdecken.

Eine Kastanie in ihrer grünen Ummantelung sehen und sie herausholen.

Ganz viel Hartgeld in der Brieftasche haben.

Im Duden blättern und mithilfe des Zufalls Wörter suchen und daraus eine Geschichte machen.

Leute beobachten die während ihrer Arbeit hochkonzentriert sind und nichts anderes um sich herum wahrnehmen.

Frauen trösten, ihnen die Schulter geben und beteuern, dass man diesen anderen Mann nicht versteht und man ja ganz anders ist.

Ikeasachen aufbauen und keine Schraube zu wenig haben sondern zu viel.

Nach dem Malern ganz kleine Farbkleckse auf den Armen haben.

Auf dem Flohmarkt mit einem würdigen Gegner handeln.
Nachts auf einmal Kakaodurst haben, aufstehen, in die Küche schleichen und so viel davon trinken das man am nächsten Morgen Bauchschmerzen hat.

Eine Frau im Schlafanzug, schlafend auf der Couch zudecken oder wecken und mit ins Bett nehmen.

Eigenarten an einer Person die man nur an ihr kennt und die sie nur für einen preisgibt.

Wenn man aus Lokalen Stimmengewirr und Tellerklappern hört.

Wenn ein Auto auf einem Kiesweg wendet und die Steinchen unter den Rädern knirschen.

Milchcafe aus einer großen Schale trinken und dann einen Milchschaumbart haben.

In Indische Currysuppe Fladenbrot tunken und essen.

Wenn man nach dem Bezahlen von der Bedienung noch nach draußen geleitet wird und sie die Tür aufhält.

Dünne Kettchen auf schlanken, braunen Schlüsselbein.

T-Shirts für Kinder mit Motiven die eher Erwachsene ansprechen.

Der Gong bevor der Film im Kino anfängt.

Rechtschreibfehler in Zeitungen und Speisekarten finden.

Den Rohrzucker vom Caipirinja durch den Strohhalm saugen.

Billiard spielen und so tun, als würde man jeden Stoß vorhersehen und berechnen. Dabei spielt man auf Zufall.

Nach der Theatervorstellung in der Künstlerkantine mit den Schauspielern erzählen.

Kleine Inseln auf denen Bäume wachsen in der Mitte eines Sees.

Dicke, fette Gewitterwolken und auffrischender Wind mit den ersten Regentropfen.

Früh am Morgen durch den Wald gehen und einen Igel treffen.

Spezialitäten aus anderen Ländern probieren.

Mit dem Zug durch die Dunkelheit fahren und langsam beobachten wie es hell wird.

Eine Frau mit roten Haaren und grünem Kleid.

Über berühmte Persönlichkeiten der Vergangenheit

Hintergrundinfos erfahren.

Schneekugeln schütteln.

Einen Ring mit Bedeutung am Finger spüren.

Den Tagesrythmus verschieben.

Im Nachttischchen im Hotel die Worte Buddhas statt des alten Testaments finden.

Wenn der Zug zur großen Fahrt ganz langsam losrollt.

Fotos von den Bäuchen Schwangerer.
Morgens aufstehen, sich nicht die Haare machen und dann zu hören bekommen: "Tolle neue Friseur".

Alte Liebesbriefe lesen.

In der Sauna feststellen, dass mein Penis der größte ist.

Durch Bearbeitung aus normalen Bildern schöne Fotos machen.

Science Fiction Filme bei denen man erst am Ende versteht um was es eigentlich ging.

Sich auf fremden Hochzeiten betrinken und andere betrunkene Leute kennen lernen.

Wenn Sie meine Hemden bügelt und ich frisch hineinschlüpfe.

Blaue Flecke auf der Haut der Freundin sehen und wissen dass es von der gemeinsamen gestrigen Nacht ist.

Das Gefühl auf der Nase nachdem man den halben Tag lang eine Brille getragen hat.
Wenn Turnschuhe in der Halle quietschen.

Wenn ein Schwan von einem ruhigen See aus startet oder landet.

Die Freundin eifersüchtig machen.

Auf der Erde verzeichnete Grenzlinien: Zeitzonen, Äquator

Fahrstühle die beim Öffnen Ping machen.

Es lustig zu finden, Frauen zu fragen ob sie früher einmal ein Mann waren.

Ein Objektiv an eine Kamera schrauben.

Im Wald einen Vogel zwitschern hören und ihn in den Bäumen zu suchen.

Wenn ein Snackautomat das Gewählte in den Ausgabeschacht fallen lässt.

Das Pfeifen eines Teekessels.

Wenn Behinderte über Ihre Krankheit Witze machen.

Herbstlaub auf dem Balkon.

Einen Fotodrucker beobachten wie er Zentimeter für Zentimeter das Bild herausschiebt.

Mit ihr nachts im Auto schweigen, Musik hören und ihre Haut spüren.

Das Pssst wenn man gemeinsam
betrunken nach Hause kommt und im Hausflur steht.

Wenn ein Dackel läuft und seine Ohren wackeln.

Alte Bäume auf deren Äste Moos wächst.

Wenn die Sonne sich auf nasser Fahrbahn spiegelt, ein Auto dieses Bild durchbricht und dann dieses Geräusch verursacht, das sich wie ein sanftes langes Kleben und Loslösen anhört.

Der Regenbogen neben Wasserfällen.

Einen Weihnachtsbaum schmücken.

Mit dem Auto in die Waschstraße fahren.
Endlich aus der total heißen Sauna ins Freie kommen und kalte Luft einatmen.

Beim Autofahren Ihre Hand auf meinem Knie.

Mit Dingen das Aquarium dekorieren die dort nichts zu suchen haben.

Komisch tanzende Menschen nachahmen.

Bettwäsche mit Reißverschluß.

Wenn Brustwarzen zwischen meinen Lippen hart werden.

Sich in den Fenstern vorbeisausender Züge spiegeln.

Mit Stofftieren oder einer Sockenhand vor Kindern oder der Liebsten reden.

Zuschauen wie Jemand mit einem Teppichklopfer Staub aus einem Vorleger schlägt.

In einem Lebensmittelladen in die Folie zwischen eingeschweißten Trinkflaschen Löcher mit dem Finger pieken.

Wenn man einen Fernseher anschaltet, den Bildschirm berührt und es brizzelt.
Ausschnauben und es kommt mehr heraus als man denkt.

Als Paar zwei verschiedene Essen bestellen und voneinander kosten.

Die Ärmel von einem Hemd hochkrempeln.

Auf einem Barhocker sitzen, Beine anwinkeln und die Füße daran aufstützen.

In der Badewanne sitzen und mit den Zehen das warme Wasser aufdrehen.

Glänzende Muskeln bei schwarzen Pferden.

Eine Marienkäferplage am Ostseestrand.

Frauen die ihre HaarSträhnen mit Absicht wie in Zeitlupe aus ihrem Gesicht wischen.

Jemandem erzählen, dass ich das Stäbchen essen von einer schönen Chinesin gelernt habe.

Die Matratze ins Wohnzimmer vor den großen Fernseher schleppen und Eis essen.
Spalten in alten Balken in italienischen Lokalen.

Wenn man sich im Dunkeln einen Pullover auszieht, der elektronisch aufgeladen ist und man kleine Blitze im Stoff sieht.

Sich an der Ampel im Küssen verlieren, die Autos hupen und man fährt schnell weiter.

Eine Annonce in die Zeitung setzen und an dem VeröffentlichungsTag auf Anrufe warten.

Wenn ich bemerke, dass mir einzelne dinge an einem Menschen gefallen, die ich sonst immer blöd fand.

Nach dem Akt den Schweiß auf meinen Rücken der langsam kalt wird.

Die Anzeigentafeln im Flughafen oder Bahnhof wenn Sie flink zur nächsten Anzeige durchrattern. Ich liebe
diese fliegenden Buchstaben.

Rennen, rennen, rennen und den Bus doch noch schaffen.

Chinesische Reisegruppen, die sich über deutsche Traditionen freuen.

Kuriose Zeitungsmeldungen ausschneiden, weglegen und im Hinterkopf haben, daraus bald
einen Text zu machen.

Das Geräusch wenn man den Stöpsel kurz aus einer vollen Badewanne nimmt und dann wieder reinsteckt. Klingt als würde die Badewanne husten.

Augen in denen das Weiß wirklich weiß und nicht von roten Äderchen durchzogen ist.

Lange Arztkittel in deren Brusttaschen hundert Kugelschreiber stecken.

Kaffee mit Mlich und Zucker im Verhältnis 49,5 %, 49,5% und 1%.

Unordnung auf meinem Schreibtisch.

Im Supermarkt Gegenstände auf die Obstwaage legen die ich meinen Hosentaschen finde.

Wenn Banken Ihr Geld mit einem Plopp nach oben in die Rohrpostleitungen senden.

Zwischen Zwillingen Unterschiedlichkeiten suchen.

Eine eigene Sprache oder einen Dialekt erfinden und den ganzen Tag benutzen.

Wenn ein Gitarrenspieler im Spiel auf das Holz des Instruments den Takt klopft.

Mit Wunderkerzen Bilder in die NachtLuft zeichnen.

Alte Röhrenradios dessen Lautsprecher mit Stoff bespannt ist und der Sendersuchlauf mit
Haltemöglichkeiten: Moskau, London, Berlin usw..

Im Kino die Vorwerbung für andere Kinofilme.

Ganz viele Stempel im Reisepass haben.

Ein Flugzeug falten, es werfen und es segelt grazil und weit.

Bei Telefonen ohne Tonwahl das Rattern der Nummern hören.

Die Hosenbeine hochkrempeln und durch einen Bach waten um an die andere Seite zu kommen.

Bilder von Albrecht Dürer, Monet und Carl Spitzweg.

Das drehende Rädchen des Dynamos beobachten das gegen den Reifen gelegt wurde.

Wenn vor Gericht alle Leute aufstehen wenn der Richter den Saal betritt.

Geschichten von Leuten die 7 Jahre in einer Höhle leben und dort meditieren.

Zeuge bei einem leichten Verkehrsunfall sein.

Einen schönen, runden Frauenpo eincremen.

Unter Einflugschneisen stehen und den Flugzeugen auf den Bauch schauen.

Merken, dass man sich an etwas gewöhnt hat, was einem keine Freude gemacht hat.

Wenn der Taxifahrer einem den Bierkasten noch mit bis zur Tür trägt.

Morgens aufwachen und eine Erektion haben.

(Stand Januar 2008)

Alles was ich hasse

Von einem Frauenkörper Honig lecken und danach eine klebende Frau vor sich liegen haben.

Haut auf warmer Milch.

An einem Sonntag mit voller Brieftasche durch Einkaufstraßen bummeln.

Wenn der Einkaufswagen einen Rechts-, oder Linksdrall hat.

Fremde Leute am Strand, wenn sie vorbeilaufen und einen nasstropfen oder mit Sand berieseln.

Das letzte Stück Schokolade.

Haare waschen, Haare abtrocknen und dann übers Haar fassen und merken da ist immer noch Schaum drin.

Wenn ein Blatt aus der Bindung eines Buches fällt.

Mücken auf Rauhfasertapete.

Verkäuferinnen die einem das Gefühl geben, das sie davon ausgehen das man gleich was klauen will.

In einer Woche Focus, Stern und Spiegel kaufen und in allen Dreien den gleichen Inhalt finden.

Tönung auf der Kopfhaut und keine Tönung am Haaransatz.

Leute die immer wieder Filmzitate zum Besten geben.

Lippenstift in jeglicher Farbe und Form und egal an welchen Lippen oder Orten.
Nagellack in jeglicher Farbe und...........................

In einem feinen Lokal Bierdeckel unter dem Tischbein finden.

Meine Kontoauszüge.

Wenn die Bedienung statt „Sie" unpassenderweise auf einmal „Du" sagt.

Wenn der Kontrolleur vor einem steht und man den Fahrschein nicht gleich findet.

Zirkusclowns die einen in die Manege holen.

Handyklingeln wenns grad romantisch ist.

Stimmen die man nicht versteht und wo man alles noch mal nachfragen muss.

Leute, die einen nicht verstehen und ständig nachfragen.

Wenn sich die Geliebte und die Freundin durch Zufall kennen lernen.

Handschellen am Bett meiner Mutter finden.

Lotto spielen und mit einer Zahl ganz nah am Gewinn vorbei sein.

Bei Freunden auf die Toilette gehen, draußen stauen sich schon die nächsten „Müsser" und dann macht man „Groß" und die ganze Bude stinkt.

Wenn ein Journalist einem Sätze in den Mund schiebt, die man nie so gesagt hat.

Einen Kompromiss eingehen ohne zu merken, dass ich nur nachgegeben habe.
An einen See spazieren gehen und sehen, wie ein Angler gerade einen Fisch human gegen die Wiese schlägt.

Männer und Frauen mit zu stark gezupften Augenbrauen.

Barfuss in Schnecken treten.

Drängelndes Klingeln an der Tür und man ist gerade in der Wanne und holt sich einen runter.

Leute die immer und überall mit offenem Mund Kaugummi kauen.

Butter ist alle und nur noch Margarine da.

Wenn Männer sich so bewegen als hätten sie 100% mehr Muskeln.

Das eigene Kind in fremde Hände geben.

Wenn irgendwer die wahre Liebe totredet.

Für den Partner die Bezeichnung „Lebensabschnittsgefährte".

Mit Handschuhen jemandem die Hand schütteln.

Wasser im Wasserkocher heiß machen und einen Cappuchino aufgießen und dann merken, dass das Wasser wohl noch nicht ordentlich gekocht hat.

Kein Kondom zur Hand haben, sie nimmt auch keine Pille und steht dazu auch nicht auf anal.

Am Fingernagel einen Riss haben mit dem man überall hängenbleibt.

Weihnachten im Gefängnis feiern.

Als Fußgänger vom Bürgersteig weggeklingelt werden.

Durchsichtige Klodeckel mit Inhalt. Ganz besonders schlimm, weil total unlustig: Stacheldraht.

Wenn ich mal wieder merke, dass ich Russisch doch nicht so gut sprechen kann.

Das Licht in den Umkleidekabinen vom H&M. Man sieht jede kleinste Unreinheit.

Ungarische Zugtoiletten.

Nach dem Einkauf bemerken, dass man das Toilettenpapier vergessen hat.

Wenn man etwas kauft, was eine Woche später nur noch die Hälfte kostet.

Das ich es hasse, wenn der Akku meines Handys leer ist und ich das Gefühl habe etwas zu verpassen anstatt die Ruhe zu genießen.

Frauen die sich chinesische Schriftzeichen tätowieren lassen und gar keinen Bezug zu China haben.

Benutzte Tampons im Klo vorfinden.

Halbstarke mit InMusik und TuneKarren an den Tankstellen.

In eine Wohnung ohne Badewanne und Spülmaschine ziehen.

Alkoholfreies Bier.

Rollenkoffer bei denen auf einmal eine Rolle ständig stoppt, sich verrückt dreht und man den Koffer dann doch tragen muss.

Das Hildesheimer Nachtleben.

Gaffer, die überall da stehenbleiben wo es nicht nach Alltäglichem riecht.

Dummheit die aus Amerika kommt.

Aus der Dusche kommen und irgendwer hat überall die Fenster aufgemacht (Brrrr).

Zwiebeln in jeglicher Form in jeglicher Speise und besonders schlimm, wenn man die Bedienung darauf hinweist und dann dochj Zwiebeln drauf/drin sind.

Leute die zwischen den gesprochenen Worten schnaufen oder nasal fiepen.

Sich als Mann schminken auch zum Fasching oder gerade dann.

Ins Bad gehen und durch eine Hairspraywolke müssen.

Zu Weihnachten die ganzen Spendenaufrufe, Beilagen in den Zeitungen usw..

Wenn man auf dem Rücken liegt, weint und die Tränen laufen in die Ohren.

Lautes Geschirrgeklapper. Teller auf Teller ist am schlimmsten.

Im Zug ständig leicht einnicken, zusammenklappen, aufrappeln und man darf eigentlich nicht einschlafen.

Rostiges Metall anfassen.

Esoterische Eheberatungen die mit Engeln arbeiten.

Djs die, die ganze Tanzfläche unnötig einnebeln damit sich mal irgendwer traut als Erster zu tanzen.

Eisbein mit ganz viel Fett. Dazu Sauerkraut und ganz viele Zwiebeln.

Beim Eislaufen hinfallen und Angst haben das einem einer mit den Kufen über die Hand fährt.

Kondome benutzen. (ja, ich benutze sie trotzdem aber is trotzdem blöd)

Im Fernsehen zusehen, wie fremde Frauen fremde Kinder bekommen.

(Stand Januar 2008)

4 Fragen

Wo sehen Sie sich in 50 Jahren?

In 50 Jahren lebe ich im Jahre 2057. Damit beweise ich jetzt schon einmal, dass ich rechnen kann. Dann bin ich 78 Jahre alt und ich bezweifele, dass ich überhaupt so alt werde. Die Welt wird ja immer turbulenter und wer weiß, ob es nicht irgendwann ein Gesetz gibt, dass Rente in Tod umbenennt und es dann schick ist sich umbringen zu lassen, damit es den Jüngeren der Familie besser geht und man den Staat entlastet.
Wenn ich doch noch lebe wäre mein Sohn 51 Jahre alt und würde mich ab und zu besuchen um von seinen Kindern oder meinen Urenkeln zu berichten.
Das sprengt meinen Horizont. Also ich kann es mir vorstellen, aber es ist zu weit weg. Wie wohl meine Enkel heißen werden. In 50 Jahren wird es da wohl auch ganz andere IN-Namen geben. Vielleicht benennt man Menschen dann wieder nach der Natur. Also so was wie: „Das ist der, der zur Spargelzeit geboren wurde. Kurz Spaze."
Ach, geht ja gar nicht. Spargel gibt es dann ja nicht mehr.

Mit 78 Jahren werde ich vielleicht keine Lust mehr auf Sex haben, besitze 20mal mehr Bücher als jetzt, also 30 000 und viele davon werden hoffentlich von mir geschrieben worden sein. Ich werde irgendwas gemacht haben, was mich in viele Köpfe gebracht hat, ich werde ein paar wahre Freunde haben und vielleicht sogar Pfeife rauchen. Wenn man dafür nicht erschossen wird.

Angenommen, Sie würden entführt. Was wäre Ihrer Meinung nach eine vernünftige Lösesumme?

Hier kommt es darauf an, für wen. Meine Partnerin sollte alles geben wollen um mich wieder zu haben und mein Kind auch. Der Kioskbesitzer an der Ecke brauch gar nichts geben wollen. Von dem will ich gar nicht gelöst werden. Vielleicht lese ich die Frage aber auch falsch. Ist es vielleicht so gemeint: „Für wie viel Geld (Summe) würden Sie sich in eine Badewanne legen und sich in Salzsäure auflösen lassen".

Wären Sie lieber sympathischer oder intelligenter.

Intelligenter. Ganz klar, aber wenn ich davon zuviel bekomme ist es auch nicht gut. Ich hab da mal eine Russischlehrerin gekannt, die irgendwann nur noch durch die Straßen lief und den Kindern ihre Brüste gezeigt hat. Sie wurde deshalb Tittenwunder gerufen. Man sagte, sie sei überstudiert. Das kann ich mir nur so vorstellen, als dass man irgendwann zu einer Mauer kommt und eigentlich zu wenige Kopfwege hat um drüber zu schauen und dann zu verstehen. Dann tut man es doch, alles verknotet sich und „verrückt".
So wie in alten Trickfilmen die Roboter, die kaputt gehen wenn etwas keinen Sinn ergibt und sie versuchen es zu verstehen. Sympathie kann man durch Intelligenz erzeugen. Es gibt genug Techniken, sich Menschen gefügig zu machen. Dafür ist der Mensch zu instinktivbehaftet. Siehe Körpersprache, NLP etc..

Wie oft gelingt es Ihnen, Tatsachen durch positives Denken zu ändern?

Oh, das mache ich ständig und das ist gar nicht so gut. Mhh. Doch das ist gut, weil ich dadurch wirklich weniger stress habe. Irgendwie kann ich meinen Kopf ausschalten und dann mich in die Lage versetzen „Alles wird gut" oder noch besser „Alles ist gut" oder „Es ist ja nicht so schlimm". Das hab ich jetzt in der falschen Reihenfolge genannt. Eigentlich geht es so:
Alles ist gut, Es ist ja nicht so schlimm, Alles wird gut.
Ich wurde in der Jugend mit MultiLevelMarketing mit positiven denken angefixt. Da komm ich auch nicht mehr von weg. Wenn etwas wirklich total beschissen und negativ ist dann bin ich wie ein Hund der nach etwas Gutem an der ganzen Sache fahndet. Und bei dieser Suche gehe ich auch in die Vergangenheit aber viel lieber in die Zukunft.

die mag ich

1
die nicht den rausch
auschlafen
sondern sich durch
die nacht berauschen
mond und sterne
durch romantische
augen kostbar sehen
und nicht die entfernungen
zwischen ihnen überdenken
und sich verlieren

jene die trunken sind
von körperflüssen
mal einen über den durst
lieben oder unendlichen
davon haben

die
die
hinterfragen ob
hinterfragen überhaupt
sinn hat
oder beim fallenlassen
stören

ich mag die
ichmöger
die erst bei sich mit
der liebe anfangen
weil das ende erst so
erreicht werden kann

und die
die sich durchs leben
spielen
genau wissen
das sie lieber leben

sollten aber
das nicht ändern
können

die mag ich

2
undekorierte die allein
mit ihrer grundsubstanz
gegen schwermut impfen
die sich in die köpfe koppeln
und nicht erschrecken
wenn sie eine matschige stelle
finden
sondern akzeptieren
und interessiert weiterschauen

die sich eigene spielregeln
fürs leben schreiben
und dabei keine lücken
für versteckte grausamkeit
nutzen
und so etwas auch nicht tolerieren
weil keiner einem in die
spielregeln pfuschen darf
die einzige grundregel
die für jeden gilt

fantasten denen der weg
zum visionär glückt
die
die etwas für sich anberaumen
was dann auch klappt und
funktioniert
oder nach dem stolpern
dem boden wieder ihre
fußsohlen schenken

vermottete aber nicht eingemottete
geister die farbenfroh durch

die straßen wandern und auf
der gitarre richtung euro schießen

infizierte deren krankheit es ist
das sie sich mit ihren menschen
identifizieren und sich so
prima in die gemeinschaft einfügen

die doktoren ohne titel die mit
herzenswärme mehr leben retten
als die mit praxis und vorzimmerdame

edle geschöpfe die nach dem
ersten augenaufschlag am morgen
feststellen das der schlaf sie nicht
entstellt hat

die mag ich

die mag ich nicht

1

schwatzhafte die in
gesellschaft in die lautlosigkeit
fallen
vor dem spiegel laut
über die menschen lästern
und unter ihnen
über sich selbst

die stets unzufriedenen
die den haken schon
vor dem suchen gefunden
haben
denen niemand zulächelt
weil man ihnen an den
missmutfalten erkennt
das es kein lächelecho
geben wird
und die wirkung
verpufft

jene die alles kaputt
grübeln und mit den
ergebnissen versuchen
andere anzustecken
über die man sich
auf der straße wundert
weil sie farblosigkeit
hinter sich erziehen

die ewig von sich entäuschten
die sich immer wieder
keine chance geben
und meinen sie wurden von
der welt enttäuscht
und gott sei so wenig vorhanden
wie ein eigener ehrgeiz

die mag ich nicht

2
es gibt die
die alles labidarisieren
weil ihnen direktheit
unheimlich ist
weil es wichtig
und zu verantwortung
werden kann

die jede intensivere
beziehung als fessel sehen
und irgendwann einfach weg sind
ohne tschüß zu sagen
weil das dann wieder zu
direkt wäre

mutlose die das leben
versuchen zu steuern
ohne es anfassen
zu wollen
die die im
eigenen käfig sitzen
die gitterstäbe weglächeln
und nicht einmal sich
ernst nehmen

die in der schule vom gebeutelten
zum beutelnden aufstiegen
und noch heute kontern wo
gar keine pfeile fliegen
die schneller kritik
üben als das sie
diese selbst erreicht

trotzdem natürlich immer
mit humor
damit keiner diesen

mechanismus
erkennt

die mag ich nicht

3
es sind die
die mit komplimenten
um sich werfen
damit in die masse schießen
und alles nehmen
was sich nehmen lässt
was darauf mit einem lächeln
reagiert

es sind jene die nur
für andere menschen schwärmen
um umschwärmt zu werden
kassieren zwei komplimente
für eines
und geben alles
was sie geben
mit genauester berechnung

binden menschen an sich
und lockern dann nach
gespielter schöner zeit die bande
weil sie wissen
das es dann noch mehr
honig gibt

sie sind niemals
alleine mit ihren zweifeln
denn sie holen sich
einfach menschen
die sie über alle
zweifel stellen
lieben

so können sie sich
selbst akzeptieren

die mag ich nicht

4
sie kommen stets
von hintenrum
über andere
die zu wenig fantasie oder
motivation haben
selbst etwas zu erfinden
aber genug
um dem noch etwas
zuzufügen

es sind die gelangweilten
die neidischen
die steine werfen und
ihnen beim kullern zuschauen
die immer kegeln wollen
menschen umwerfen
um sich im geheimen zu
erfreuen

die die einem nichts gönnen
weil ihnen nie etwas gegönnt
wurde oder sie es nicht
nutzen konnten

die enttäuschten die
zurückschlagen

die mag ich nicht

5
jene die auf einen
zukommen

"lach doch mal"
lallen
und überschwenglich verkünden
wie gut sie drauf sind
und man solle doch
auch mal einen trinken
oder noch einen oder niemals
aufhören

die dann irgendwann nach den
lachwellen böse werden
weil sie die brandung nicht
verkraften
und der alkohol
ihnen das gehirn
und dann das gesicht verzerrt
was zur aggresivität
führt

die immer zu nächtlicher
stunde randalierenden
frauenschlagenden
promillemonster
die so viel sagen
aber so wenig meinen

jene die mit gläsern
und flaschen flüchten und
versuchen sich die regionen
im gehirn zu löschen
welche sie ankotzen

doch dummheit kann man nicht
durch dummheit ersetzen

die mag ich nicht

6
sie haben immer

wehwechen
ganz besonders ihnen
geht es
ganz besonders schlecht
und gegen ihren schmerz
verblaßt die ganze
andere welt

sie brauchen diese
tröstenden worte
diese hände auf den
schultern
sorgenvolle blicke
und wenn man sie nicht
mehr ernst nimmt
dann weinen sie auf
den anrufbeantworter
und man fühlt sich
schlecht
und ist wieder
für sie da

erzählt man von eigenen
sorgen ist die zeit
echt knapp
oder es wird
mit den worten
"du kannst dich ja noch
freuen, ich hingegen..."
zur ärmsten
person auf erden
umgeschwenkt

sie brauchen dich
bedanken sich nicht
geben nicht zurück
und finden das muss
so sein

die mag ich nicht

7

nebenhoden allerorten
die nie im lotto gewinnen
und trotzdem immer wieder
einen schein abgeben mit
sechs kreuzen auf einer zahl

die ewigen jasager die ihre
ja`s wie köder auswerfen
damit sich verwehrung
in wohlwollen wandelt

die ewigen stromlosen
wg-augen mit abgenutzten
menschenscheuklappen
die immer in gleicher qualität
funktionieren

vorbildvoll werden sie immer
nur zum antivorbild taugen
für sich selbst
und deshalb auch für
alle anderen

es sind die
die meistens nachbarn sind
die durch die wände husten
weil sie sich nicht zu klopfen
trauen
monieren das es zu laut
ist und trauen sich nur nicht
eingeladen zu werden

deren lächeln fremdartig ist
weil sie unausgebildete schauspieler
sind
die in den kriegen sich als erste
als kanonenfutter melden
weil sie glauben
das es eine chance aus der

bedeutungslosigkeit ist

die sich hinter starken partnern
verstecken und sie dann doch
körperlich oder seelisch misshandeln
um sich ein wenig dominant im
leben zu fühlen

die mag ich alle nicht

Robert Zobel

www.robert-zobel.de